印度哲學思想史

印度哲學思想史

鄭 柄 朝　著

 한국학술정보㈜

序

　世界最古文化의 하나인 印度古代文明은 그 자체로서도 매우 중요한 의미를 가지지만 특히 佛教文化의 理解를 위해서는 절대로 모르고 넘어갈 수 없는 지대한 價値를 지닌 文化이다.

　그것은 매우 複合的인 文化이어서 풍부한 神話와 宗教的儀式과 社會制度와 美術과 音樂, 彫刻 등 多彩로운 藝術과, 심오한 哲學을 포함하는 人類一代의 大文明이다. 그것을 베에다文明이라고 부른다.

　印度文化는 이것을 嚆矢로 대개 11個의 時代를 劃할 수 있는 다양한 發展段階를 겪어 왔다. 그중에서도 佛教文化는 인도의 大地에 핀 가장 아름다운 꽃이며, 가장 價値있는 寶貝이다.

　우리는 오랜 歷史期間에 그 佛教를 우리 나름대로 受容하여 民族의 精神的資糧으로 삼고, 우리대로의 燦爛한 民族文化를 形成하여 그 본고장이 무색할 정도의 偉大한 業績들을 남겼다.

　우리의 祖上들은 이 因緣깊은 땅을 찾아 벌써 5·6世紀의 먼 옛날, 이 天竺國을 샅샅이 누비며 다녔다. 우리는 확실히 不知下識間에 陰으로 陽으로 많은 빚을 이 인도大陸에 지고 있다.

　그런데 오늘 우리 國民의 이 땅과 이 나라 思想에 대한 知識은 어떠한가? 그것은 너무나 生疎하고 너무나 迂遠한 것이 사실이다.

　이러한 상태하에서 著者 鄭柄朝 先生이 이 책을 내 놓게 된 것을 나는 매우 時宜에 맞는 快擧라고 생각한다. 지금까지 우리 出版界는 잘 팔리는 책만을 골라 出版하려는 경향이 있어 왔지만, 바야흐로 우리나라 경제의 부흥과 이에 따른 文化界의 要請에 부응하여 출판사 측에서 기꺼이 이 책의 出版을 맡아 준 것은 실로 後世에 길이 남을 功勞의 하나라 믿어 의심치 않는 바이다.

독자들은 이 책을 통하여 쉽게 印度思想의 흐름에 익숙해질 수 있게 되었고, 우리 學界는 하나의 중대한 空間을 메우는 幸運을 가지게 되었다.

나는 여러 가지 어려운 與件을 무릅쓰면서도 屈하지 않고 이 方面 研究에 熱誠을 다하고, 이 책을 著述해 낸 著者의 勞苦를 致賀하며, 이 책의 出版에 陰으로 陽으로 수고해 주신 여러분에게 謝意를 表하는 바이다.

弘恩草堂에서

李 箕 永

머 리 말

어느 印度學 學者가 남긴 말이 생각난다. 「만약 누구든지 印度를 알았다고 하는 사람이 있다면 그는 정녕 아무것도 모르는 것이다.」 이제 내가 그 <모르는 사람>축에 끼이게 되었다.

印度는 깊은 年輪과 燦然한 文化 傳統을 가진 나라이다. 비록 오늘날에 있어서는 빛나던 傳統이 褪色된 듯한 느낌을 주는 것도 사실이지만, 그 無限한 潛在力은 언젠가는 다시 開花할 因子를 內包하고 있는 것이다. 그것은 그들의 思考方式과 生活態度가 철저히 哲學的이라는 점에 起因한다.

哲學은 萬學의 女王이라고 했지만, 그러한 理想이 具現된 實例가 있다고 한다면 그것은 印度였다고 말하고 싶다. 印度의 哲學은 결코 <學>으로서의 앎이 아니었다. 印度哲學은 깨달음과 解脫을 위한 <道>로서의 역할을 담당했었다. 그런 의미에서 印度哲學은 宗敎的이었다고 말할 수도 있을 것이다. 그러나 거의 대부분의 東洋傳統과 마찬가지로 印度에서는 哲學이니, 宗敎이니 하는 식의 區分은 없었던 것이다.

西洋哲學의 歷史를 보면서 다소 奇異한 느낌을 받은 적이 한두 번이 아니다. 어째서 <앎>과 <行動>이 乖離되는 것일까. 또, 한번도 그러한 疑問이 提起되지 않고 當然하게 받아들여지는 것일까. 만약, 우리의 <앎>과 <行動>, 그리고 生活에 이르기까지 모든 것이 제멋대로라고 한다면, 그것은 觀念의 遊戱, 나아가서 言語의 戱弄에 불과한 것이다. 言行一致야말로 印度哲學의 目標였으며 이루어야 할 當爲였다. 그들은 머리로서가 아니라 가슴으로서 苦惱했고, 知識이 아닌 智慧로서 삶의 슬기를 吐露하였다.

印度哲學의 관심사는 물론 西洋哲學의 그것과 마찬가지로 <存在의 究明> 그리고 <矛盾 없는 世界觀의 建設>에 있다. 그러나 그들은 實踐을 重視했다. 오히려 거기에 重點을 두었다고 보는 것이 妥當할는지도 모른다. 삶의 意義가 世俗的 滿足에 있는 것이 아니라 宇宙의 秘密 속에 가리워 있는 그윽한 것 속에 沈潛하는 것이라는 믿음을 그들은 예부터 갖고 있었다. 그들은 自然을 움직이는 根源的 原理와 人間에게 內在된 永遠한 實體가 <하나>임을 믿었다. 그 <하나>의 意味를 밝히는 일이 中心課題였던 것이다. 찾아 헤매는 旅程이 人間의 삶이라고 한다면, 인도 사람들은 그것을 世俗에 둔 것이 아니라, 오히려 超世間에 두었던 것이다.

筆者가 印度哲學에 關心을 갖게 된 것은 십수 년 전의 일이었다. 그때 처음 佛敎를 공부하면서 印度哲學의 硏究가 先行되지 않고서는 도저히 不可能한 일임을 切感하게 되었다. 그러나 그것은 결코 쉬운 일은 아니었다. 우선 손쉽게 구할 수 있는 책도 없었으려니와, 理解에 限界를 느꼈기 때문이다. 1,600年의 佛敎歷史를 자랑하면서도 우리는 아직 단 한 卷의 本格的인 印度硏究書도 갖고 있지 못한 實情이다. 이 변변치 못한 책을 上梓하게 된 重要한 이유의 하나가 그것이다. 비록 이러한 試圖가 아주 보잘것없는 것이라 할지라도 이것을 딛고 일어서서 훌륭한 著述들이 쏟아져 나온다면 그것도 또한 보람 있는 일이 아닌가 하는 생각에서이다.

筆者는 佛敎를 공부하는 사람이다. 따라서 이 책은 正統 印度의 立場에서보다 오히려 佛敎의 立場에서 그것을 反照해 가는 觀點으로 敍述하였다. 인도의 傳統的 立場에서 보면 佛敎는 분명 異端이다. 佛敎가 본고장에서 자취를 감추게 된 것도 그러한 理由 때문이다. 그러나 佛敎는 그러한 土壤 속에서 生成되었고 明滅하였음을 否認히지 못할 事實이다. 佛敎는 결국 印度만을 固執하지 않았다는 結論을 얻을 수 있다. 편협한 國粹主義가 아닌 汎世界的·超理念的 기풍을 유감없이 발휘했던 것이다.

筆者의 學問的 關心이 佛教에 쏠리다 보니 印度哲學이라는 客觀的 立場의 叙述에서 本意 아니게 犯한 誤謬도 적지 않을 줄 안다. 이 점에 대해서는 앞으로 修正과 補完을 거듭하면서 좀더 완벽한 것이 될 수 있도록 努力하겠다.

　원래 이 책은 大學의 講義를 위한 노트에 불과했었다. 이번 機會에 이것을 出版하면서 많은 加減을 하기는 했지만 워낙 淺學卑才로서 能力이 미치지 못함을 탓할 수밖에 없을 것 같다.

　이 著述의 出版에 있어서는 많은 분들의 도움이 있었다. 筆者가 學窓時節부터 오늘에 이르기까지 간곡한 격려와 指導를 아끼지 않으신 李箕永 선생님께 감사드려야겠다. 지금은 印度 네루大學에서 講義하시는 徐景洙 선생님께도 많은 恩惠를 입었다. 현실적인 어려움보다 그 意義를 높게 사 준 出版社측에 감사의 情을 드리며 末尾에 附記되어 있는 關係文獻의 整理와 校正에 애써준 아내에게 고마움을 느낀다.

　여러분들의 도움을 받아서 막상 책을 出版하고 보니, 自負心보다도 아쉬움이 앞선다. 同學諸賢의 叱正과 敎示를 간절히 바란다.

　　　　　　　　　　　　　　　　　　江南에서

　　　　　　　　　　　　　　　　　　著者 合掌

차 례

제8장 六派哲學

제9장 中世의 印度哲學思想

제10장 近代印度哲學思想과 宗敎運動

제11장 現代印度思想

제1장 힌두 冥想의 起源

(1) 印度의 地理的 特性

印度의 地形은 세계의 지붕으로 일컫는 히말라야 山脈에서 남쪽으로 뻗은 半島이다. 東海에는 인더스와 갠지스江 流域의 肥沃한 平野가 있어 예부터 사람들은 이곳에서 찬란한 文化의 꽃을 피웠다. 印度의 면적은 소련을 제외한 全유럽의 面積에 해당한다. 北部의 히말라야를 제외한 三面이 바다로 싸였기 때문에 孤立된 文化를 가질 수 있었다. 그래서 東洋文化圈에서도 中國과는 확연히 다른 文化體系를 形成하였던 것이다.

印度의 文化圈은 地理的 특성에 맞추어 볼 때 크게 셋으로 나눌 수 있다.

① 인더스(Indus)流域
② 갠지스(Gaṅgā)流域
③ 빈드야(Vindhya)山脈 이남 地域

印度半島의 最南端은 北緯 8度이고, 北으로는 37度에 걸친다. 그 地域은 대체로 熱帶的 氣候風土의 特性을 지녔다. 인도의 계절은 여름(3月~5月), 雨期(6月~9月), 겨울(10月~2月)의 三季 구분이 있다. 그러나 酷暑期에는 무려 50℃를 오르내리는 더위가 계속되는 亞熱帶性 기후 특성을 가지고 있다. 印度人들이 忍徒的·厭世的·思索的 특성을 지닌 것은 이러한 기후 특성에도 많은 영향을 입은 것으로 보여진다.

　아울러 種族의 복잡성으로 말미암아 예부터 이곳은 中央集權的 統一國家의 形成이 어려웠다. 특히 哲學·宗敎·思想 등 諸分野에 걸쳐 이러한 多樣性은 현저하여 하나의 單一된 體系의 成立은 不可能하였다. 따라서 印度를 理解하려는 많은 學者들은 印度의 思想을 <巨大한 複合體>로서 파악하려고 하는 것이다.

(2) 아리얀(Āryan)의 침입과 農村社會의 확립

　인도는 古來로 많은 민족의 활동 무대였었다. 自然的인 豊饒는 일찍부터 인도라는 나라를 안락한 생활터로 만들어 주었기 때문이다.
　적어도 기원전 3000년경부터 인도에는 高度의 문화를 가진 민족이 살고 있었다고 추측된다. 최근의 모헨죠다아로(Mohenjo dāro), 하랍파(Hara-ppā) 등의 發掘 조사에 의하면, 이미 기원전 3000∼2000년경에 整然한 도시 계획을 갖춘 사람들이 살고 있었다는 것이다. 이 당시는 高度의 銅器文明時代였으며, 住民들의 일부는 農耕이나 牧畜에 종사하였고, 또는 외국과의 交易에 종사했던 흔적이 보이기도 한다. 이미 文字도 있었음이 확인되었지만 아직 解讀하지 못하고 있다. 후세 인도의 民間信仰과 密接한 관계를 갖고 있는 시바(Śiva)神像의 原型이 남아 있으며, 이와 더불어 性器崇拜, 樹神崇拜, 動物崇拜 등의 習俗이 행해졌음도 밝혀졌다. 이 당시의 문명을 인더스 문명(Indus Civilization)이라고 하며, 인도의 원주민으로 믿어지는 드라비디안(Dravidian)들에 의한 문명이었다.
　기원전 1300년경, 인도에는 아리아인들의 侵攻이 있었다. 그들은 서양인들과 동일한 祖先이라고 믿어진다. 그런데 그들의 原住地가 어디였겠나 하는 점은 학자들마다 의견이 다르다. 대체적으로 코카서스(Caucasus)의 북방 지역으로 믿어지는데, 최근에 밝혀진 바로는

지금도 그 지방의 遊牧民들의 사용하고 있는 언어 가운데서 家畜이
나 穀物의 名稱이 類似하다는 것이다.

시대가 내려옴에 따라 아리아인들은 원주지였던 草原을 떠나 移住
를 시작했다. 西方으로 移動한 部族들은 유럽에 정착하였고, 西南方
으로 移動한 部族들은 인도에 침입하여 西北인도의 五河(Pañjâb)유
역에 정착하게 되었다.

印度로 進出한 아리얀들은 원주민들과의 격렬한 전쟁을 통해 드디
어는 원주민들을 노예화시키기에 이르렀는데, 그들이 전쟁에 이길
수 있었던 要因으로서는 遊牧民이었다는 이유 이외에도, 이미 아리
아인들은 鐵製무기를 사용할 수 있었다는 점이다. 그들은 인더스
(Indus), 갠지스(Gandhis)유역을 중심으로 父家長的인 農耕社會를 확
립하였다. 그들의 사회 구조는 父家長的인 대가족 생활에서 시작하
여, 점차적으로 氏族, 部族으로 발전되어 갔다. 部族의 우두머리는
왕(Rājan)이라고 불리었고, 部族民의 선거를 통해 決定되었다. 뒤에
는 통상 世襲으로 이어졌다. 이때까지만 하더라도 國王의 權力은 절
대적인 것이라기보다 부족의 集會(Samitī)나 連合集會(Sabhā)를 통해
表明되는 人民의 의사에 制約을 받은 것으로 보인다. 血緣關係의 사
회였기 때문에 言語, 宗敎 등도 하나였고, 諸部族 간의 정치적 알력
이나 무력 충돌은 없었던 것 같다.

당시의 産業은 牧畜이 중심이었고, 農耕은 아직 부수적인 것이었
다. 牧畜에는 농경에 필요한 소나 말 등을 주로 키웠으며, 특히 소
에 대한 숭배가 盛行했던 것이 주목될 만하다. 또 공예가 발달하여
車工, 織工, 鍛冶工, 陶工 등의 기술이 서서히 진보되기 시작했고,
物品의 매매는 물물교환에 의존하였다.

(3) 슈루티(啓示經典, Śruti)의 성립

슈루티 (Śruti)란 베다(Veda), 브라흐마나(Brahmāṇa), 아아란야카 (Āraṇy-aka), 우파니샤드(Upaniṣad) 등 고대 一群의 인도 철학 서적 을 말한다.

일반적 의미로서의 <진리>는 不可觸(Untouchable)의 것이며 未知 數이다. 알려지지 않은 것을 알려주는 知的追求에 哲學的 意義가 있 는 것이지만 인도 철학에서는 그러한 窮極的이고 綜合的인 <진리> 는 이미 알려져 있고 또 그것은 언어(Vāc)를 통해서 인간에게 가르 쳐졌다고 믿는다. 聖人들에 의해 말해진 그 진리를 어떻게 실천하는 가 하는 문제가 바로 인도 철학의 근본 입장이다.

철학에 있어서의 諸問題, 예컨대 <存在란 과연 存在하는가>, <存 在는 苦인가 樂인가> 하는 문제들에 대해서 만약 인도 철학적인 입 장에서 말한다면 存在란 存在하되 <苦痛스러운 것>이라는 斷定에서 출발되는 것이다. 그러나 苦痛스러운 존재는 理想的 존재(Sukha, Ānanda)로 改造, 또는 創造될 수 있는 것이며, 解脫을 얻은 聖者 (Yukta, Muni)들은 우리가 철학하기 이전부터 있어 왔던 것이라고 假定한다. 인도 철학은 다만 철학하기 위한 철학일 뿐 아니라 宗敎 的 解脫(Mukti, Nirvāṇa)을 얻는 방법, 다시 말해서 道(mārga)로서 의 철학이기 때문에 宗敎的이라고 말할 수 있다.

인도 철학의 淵源은 이와 같이 <괴로움(dukha)>에 대한 깊은 認 識에서 출발되었다. 그리고 苦의 진상을 해명하는 작업은 괴로움을 깨닫는데 목적이 있는 것이 아니라, 그 괴로움을 벗어나려는데 있는 것이다. 인도철학은 해탈을 위한 목적론이며, 따라서 학문적 탐구뿐 아니라 修行的 禁欲生活도 倂行되었다. 인도인들이 전통적으로 出家 를 이상으로 삼은 이유도 여기에 있다. 인도인들은 일생 동안 다음 과 같은 편력을 갖는 것이 通例이다.

① 梵志(Brahmacarya): 學生, 靑年期. 집에서 Veda를 공부하는 때.
② 長者(Gārhasthya): 집에서 世俗的인 생활을 영위할 때.
③ 林行(Vānaprastha): 세속을 떠나 숲 속에서 修行하는 때
④ 出家(Sannyēsa): 遊行하는 시기.

그들은 出家遊行을 통해 聖人의 境地, 解脫의 安樂을 맛보려 했던 것이다. 聖人들이 眞理를 吐露한 것을 集成한 것이 바로 슈르티이며, 그 참뜻을 밝힐 때에 인간은 비로소 진리와 合一한다. 따라서 진리는 슈르티 안에 감추어져 있고, 모든 價値基準도 이 聖典일 수밖에 없다.

기원전 12세기경부터 이러한 啓示 경전들이 성립되기 시작하였는데, 그중에서도 가장 빨리 形成된 것은 바로 베다였다. 自然에 관한 畏敬 그리고 抽象的이고 觀念的인 實體들에 대해 神性을 賦與하였던 베다의 神觀은 神話的 宇宙觀이었고 또한 그것은 아리안들의 獨特한 冥想的 氣質에 由來한 것이다.

제2장 베다 시대의 神話的 宇宙觀

(1) 리그 베다(Rig-Veda)의 神觀

베다에는 다음과 같은 네 가지 종류가 있다.

① 리그 베다(Rig-Veda): 神에 대한 讚歌의 集成. 신이 祭場에 등
　　　　　　　　　장토록 하는 勸請僧(hotṛ)의 노래.
② 사아마 베다(Sāma-Veda): 歌詠의 集成. 일정한 선율로서 歌詠
　　　　　　　　　을 行하는 歌詠僧(udgātṛ)의 노래.
③ 야쥬르 베다(Yajur-Veda): 祭詞의 集成. 供物과 祭祠 등 실무
　　　　　　　　　를 담당하는 行祭僧(adhvaryu)의 노래.
④ 아타르바 베다(Atharva-Veda): 息災 詛呪 등 呪法의 노래.

이들 각 베다의 주요 부분은 本集(Saṃhitā)이라 부르는데, 이 본
집에 附隨되는 문헌으로서 梵書(Brāhmaṇa, 祭儀書), 아아란야카
(Āraṇyaka, 森林書), 우파니샤드(Upaniṣad, 奧義書) 등이 있다.

네 가지 베다 중에서 철학적으로 문제되는 것은 리그 베다와 아타
르바 베다이다.

리그 베다는 아리얀들이 남긴 最古의 문헌이며, 讚歌들은 아마도
기원전 12세기에서 10세기 사이에 製作된 것이리라 믿어진다. 현재
와 같은 모습으로 편찬된 것은, 기원전 10세기에서 8세기 사이로 추
정되며, 근 3000년 후인 오늘까지 주로 暗誦으로 전해진다. 讚歌는
원래 1017頌이었는데 후세에 11頌이 첨가되어 현재는 1,028頌이 전

해진다.

리그 베다가 성립된 시기의 아리얀들은 종교적 의식을 상당히 중
요시하였다. 각 가정의 祭式은 물론 부족 단위의 집단적인 祭祀도
행해졌던 것 같다. 그래서 그들은 제사 의식, 그리고 神들에 대한
찬가를 集成하기에 이르렀던 것이다. 리그 베다에 등장하는 신들은
절대 완전한, 소위 唯一神的 神性을 가진 존재로 묘사되지는 않고
있다. 신들은 인간의 칭송을 기뻐하며, 또는 가끔 신들끼리의 不和,
邪淫을 범하기도 하는 존재로 묘사되고 있다. 다시 말해서, 初期 베
다의 神들은 개성이 뚜렷한 신이라기보다는 거대한 快樂的 인간이라
고 보여진다는 말이다.

베다에 등장하는 신들을 성격별로 분류해 보면 대략 다음과 같은
세 가지로 나눌 수 있을 것이다.

① 自然界의 힘을 人格化 내지 神秘化한 것……Dyaus(天神) Sūrya
(太陽神) Uṣas(새벽의 神)·Indra(雷神)·Rudra(暴風神)·Vāyu
(風神)·Parjanya(雨神) Āpas(水神)
② 抽象界·抽象的 觀念의 神格化…Varuṇa(空間·律法의 神)·Aditi
(無限神)·Śraddha(믿음의 神)
③ 제사의 구성 부분을 신격화한 것……Agni(火神)·Soma(酒神)·
Vac(言語神)

초기 베다의 宗敎는 多神敎였다. 그들은 自然現象의 背後에 어떤
支配力이 있는 것으로 想定하였고, 그것을 인격적인 主體로 구체화
시켰던 것이다. 이 諸神들의 通性을 밝힐 수는 없겠지만 일반적으로
리그 베다에 묘사되고 있는 神들은 대략 다음과 같은 특징이 있다.

첫째, 신은 인간을 超越한 神性을 갖춘 존재이며, 둘째, 그들은 正
義를 수호하고 怨敵을 퇴치시켜 준다. 셋째, 그들은 不死의 존재이
다. 넷째, 그렇지만 그들은 인간적인 면을 다분히 가지고 있다. 예컨

대 神酒를 마시고 취하기도 하며, 저들을 칭송하는 最大級의 讚辭를 몹시 기뻐한다.

결론적으로 말해서 神들이 不死의 존재, 초월적 힘을 가진 존재이기는 하지만, 그들의 행위에 있어서 道德的으로 완전무결한 존재로 보기는 곤란할 듯하다.

신과 인간의 관계를 보면 인간의 운명 苦樂은 모두 신에 依存되어 있는 것으로 생각된다. 신은 인간의 邪惡은 罰하지만 贖罪하는 자에게는 그 죄를 赦免해 준다. 신은 일반 인간에 대하여서는 寬仁·大度를 베풀며, 親睦과 友誼의 情을 보내며 恩惠를 베푼다. 다만 律法神인 바루나만이 인간에게는 恐怖와 畏敬의 대상이 될 뿐이다.

神들이 居處하는 곳은 天·空·地의 三界이며, 그 수는 通常 三十三神이라고 말해진다. 그렇지만 神들 상호간에 명확한 개성이 缺如되어 있어서 등장하는 신들의 호칭이 각기 달리 불리어지기 때문에 정확한 숫자를 한정짓기는 어렵다.

따라서 하나의 神이 祭祀儀式 때마다 저마다 다른 이름으로 불리어지는 소위 交替神敎(Kathenotheism)적인 면모를 보이기도 한다. 일찍이 막스 뮐러(Max Müller)가 베다의 神觀을 지적하면서 多神敎에서 교체 신교를 거쳐 單一神敎(Henotheism)로 넘어가는 과정이라는 표현을 썼는데, 이것이 베다의 神觀을 지적하는 적절한 말인 것 같다.

리그 베다 시대의 後期에 접어들면, 일부분의 사람들은 신의 존재에 대해 의혹을 표시한다.

많은 사람들은 말한다. 인드라는 존재하지 않는다고. 누가 그를 보았는가. 우리가 讚揚해야 할 신은 누구인가(Ⅷ. 100. 3)
우리가 제사드려야 할 신은 누구인가(X. 121)

그들은 신의 존재에 회의를 품는 동요기를 거쳐서 天地創造 등 唯一者에 대한 생각을 갖게 된다.

여러 가지 모습으로 타오를지라도 불은 오직 하나이다. 萬物에 비치
는 太陽도 또한 하나이다. 世界를 두루 비추는 우샤스(Uṣas)도 오직
하나일 뿐이다. 오직 하나인 것이 퍼져서 이 세상 모든 것이 되었다.」
(Rig-Veda VIII 58.2)

그들은 世界의 根源的 원리를 모색하였고, 宇宙의 第一義에 관한
哲學的 思索을 시작하게 되었다.

그들의 創造觀은 대체적으로 一神敎的인 경향을 보이지만, <無有讚
歌> (X. 129) 같은 곳에서는 汎神論的 思索을 보여 주기도 한다. 리
그 베다에서 言及되고 있는 그 第一義에는 다음과 같은 것들이 있다.

① Brāhmaṇaspati(梵主, 祈禱主)
② Hiraṇyagarbha(黃金의 胎者)
③ Viśvakarman(造一切者, 造物主)
④ Purṣ(原人)
⑤ Tad Ekam(唯一者)
⑥ Vāc(言語)
⑦ Ṛta(道)

(2) 리그 베다(Rig-Veda)의 讚歌

1) 無有讚歌(Nāsadāsīya sūkha X 129, 1~6)

① 太初에는 無도 없고, 有도 없고, 空界도 없고, 또한 天界도 없었
다. 무엇이 이를 뒤덮었던가? 그것은 어디에 있었던가? 누가 이를 옹
호했던가? 저 물은 어떻게 있었으며, 밑 없는 깊이는 어떻게 있었던가?
② 그때에는 죽음도 없고, 不死(amṛti)도 없었으며, 낮과 밤의 구
별도 있지 않았었다. 오직 타드 에캄(Tad Ekam, that oneness, 彼唯

一者)만이 소리도 없이 스스로 호흡하고 있었으며, 그밖에는 일찍이
아무것도 존재하지 않았다.

③ 오직 暗黑뿐이었다. 이 모든 것은 암흑에 덮인 뒤 빛없는 波動
界였다. 虛空으로 둘러싸인 原子(abhu, 永遠히 存在하는 것)는 그 자
신의 熱의 힘으로 생겨났다.

④ 그것이 展開하여 여기에 처음으로 愛欲(Kāma)이 생겼고, 그것
은 識의 최초의 種子이었다. 이것은 有와 無의 連鎖로서 聖者들이
그들의 밝은 智慧의 눈으로 마음을 觀하여 發見한 것이다.

⑤ 실로 누가 이를 알리오? 누가 지금 여기서 이를 설명할 수 있
으리오. 그는 어디로부터 생겨 나왔으며, 어디로부터 이 調和가 나오
는가? 여러 神들도 또한 天地創造 이후에 생겨났으며, 그렇다면 그
어디로부터 생겨났는지를 아는 자는 누구냐?

⑥ 그는 알리라. 이 調和의 源泉을 아는 사람은 最高天에서 이 世
界를 관장하고 있다. 그는 진실로 알리라. 그러나 아마 그도 또한
모르리라.

이 찬가는 단순히 神에 대한 讚揚에 그치는 것이 아니라 그것들의 根
源에 대한 古代人들의 思索 일면을 보여준다는 점에서 우리의 관심을
모은다. 그것은 根源的 世界原理의 摸索이다. Tad Ekam-Kāma-Manas
로 이어지는 이 讚歌는 하나의 어떤 窮極的 原理, 즉 一에서 雜多가
生成된다는 轉變說이다.

印度思想界의 큰 主流는 이와 같은 一에서 多의 轉變說과 多에서
多라는 積聚說의 둘로 要約될 수 있을 것이다.

後代 佛敎가 登場하면서, 이 둘을 다 止揚하여 獨特한 因緣說을
提唱하게 되는 것이다.

2) 原人讚歌(Puruṣa Rig-Veda, X. 90, 1~8)

① 푸루샤는 千手·千眼·千足이다. 그는 모든 防害로부터 地球를

포용하면서도 주변에 열 손가락이 남는다.

② 오직 푸루샤만이 旣生·未生의 全體이다. 그는 不死性의 主人이다.

③ 그 위대함은 이와 같다. 그는 이뿐만 아니라 훨씬 더 크다. 萬有는 그의 1/4이며 不死界는 그의 3/4이다.

④ 그 3/4이 있음으로써 그는 높이 올라가 있는 것이다. 그 1/4은 여전히 이 下界에 現存한다.

⑤ 푸루샤는 비라즈(virāj, 遍照)를 낳고 비라즈로부터 또한 푸루샤를 낳았다.

⑥ 모든 神이 푸루샤로부터 犧牲獸를 삼아 제사를 지낼 때에 봄은 그의 기름으로부터, 여름은 그의 땔나무이며, 가을은 그의 供物이다.

⑦ 두루 잘 그슬려진 犧牲獸로부터 기름을 섞은 混合의 액체가 흘러나왔다. 空界에 살고, 숲에 살고 마을에 사는 生類들은 모두 다 이로부터 나왔다.

⑧ 婆羅門族(Brahmāṇa, 僧侶族)은 그의 입으로부터 나왔고, 武士族(Kṣatriya Rājanya)은 그의 두팔로부터, 商人族(Vaiśya)은 그의 넓적다리로부터, 그리고 노예족(Sūdra)은 그의 발로부터 생겨났다.

古代 印度人들에게 있어서 十, 千 같은 숫자는 곧 無限을 뜻한다. 千手, 千眼 등의 표현은 그의 無限한 能力을 상징하는 것으로 이해하면 좋을 것이다. 또한 四姓制 계급이 푸루샤의 몸 各 部位에서 생겨난다는 것은, 婆羅門 우월적, 계급의식의 강한 發露이며 決定論的 사고방식을 보여 주고 있는 것이어서 흥미롭다.

佛敎의 敎祖 고오타마 붓다가 오른쪽 옆구리에서 誕生했다는 說, 그리고 慈悲의 상징 觀世音菩薩이 千手 千眼으로 묘사되고 있는 것 등은 모두 이러한 古代印度 베다의 信仰으로 말미암은 것이다.

푸루샤나 타드 에캄 등은 唯一的인 人格體로 묘사되고 있으나, 그의 리그 베다 중에는 宇宙의 總體的 槪念으로서 리타(Ṛta), 바아크(vāc) 등의 抽象的 개념이 있다.

3) 리타(Ṛta)

리타는 祭祀儀式의 規律, 自然法則 등으로 나타나진다. 語源은 희랍어의 -ar 또는 -er 등의 뜻으로서 정돈하는 것(arrange), 응용하는 것(applicate)의 뜻을 가진다. 다시 말해서, 宇宙의 질서를 유지하는 根源的 原理라는 뜻이다. 리타가 大宇宙의 發現으로서 나타나는 경우를 보자.

① 리타의 수레바퀴는 열두 개의 바퀴살(輻)을 가지고 있고, 결코 마멸됨이 없이 항상 하늘을 돈다. 아그니(Agni)여, 720의 아들들이 쌍을 지어 그 위에 서 있다(Rig-Veda Ⅱ. 164. 11).

이곳에서 열두 개의 바퀴살을 가진 수레바퀴라고 하는 것은 곧 12개월인 一年을 뜻한다. 720의 아들이라는 것은 365일의 날수를 밤낮으로 계산한 표현이다.

② 제사 의식 속에 나타나는 경우 - 리타에서 생긴 소마(Soma)는 리타에 따라서 왕으로서, 神으로서, 崇高한 리타를 增長시켰다(Rig-Veda Ⅸ 108, 8).

소마는 崇高한 리타의 發現으로서 淸淨한 光明을 낳았다. 검은 어둠을 쫓으면서(Rig-Veda Ⅸ 108, 66).

神은 리타의 保護를 받는 存在이다. 그러면서도 리타를 지켜나간다. 神은 리타에서 생겨났지만(rtajāta), 리타의 調御者(rtasathī)이고 리타를 알며(rtajñā), 리타를 增長시키는 者(rtavrdh)이다.

③ 人間의 倫理 · 道德으로서 나타나는 경우

a. 리타에 따라서 가는 자의 길은 평탄하고 가시덤불이 없다. 실로 리타의 利益은 많다. 리타를 認識하면 曲解가 없어진다. 리타의 神(Śloka)은 사람을 깨우치며, 빛을 비추며, 귀머거리의 귀를 연다.

b. 리타는 견고한 뿌리(根源)를 가지고 있으며 그 광채 있는 많은 好相(Good Character)이 아름다움을 나타낸다. 리타에 의해서 神과 사람의 活力이 길이 유지된다. 리타에 따라서 소의 무리가 리타

의 길에 들어선다.

  c. 리타에 따르는 자는 리타의 이익을 얻는다. 리타의 迫力은 迅速하다. 리타는 소의 무리를 얻기에 힘쓴다. 리타 때문에 天地는 雄大, 광활, 深遠하다. 리타 때문에 天地는 가장 훌륭한 젖소로 하여금 젖을 내게 한다(Rig-Veda Ⅵ. 23 8~10).

  이곳에서 소가 重要하게 强調되는 것은 古代 印度人들의 소에 관한 숭배사상을 나타내 주는 일이다. 아울러 <好相의 아름다움>이라는 表現도, 聖人은 일반 사람들과는 달리 殊勝한 어떤 形態(三十二相 八十種好)를 가진 것이라는 믿음인 것이다. 印度에서는 理想的 君主가 世界의 四海를 통솔하며 正法으로 나라를 다스린다는 믿음이 있었는데, 그 理想的 君主, 轉輪聖王이나, 또는 大覺者는 우리와 다른 殊勝한 모습을 지녔다고 믿었다. 그러한 思考方式은 모두 이러한 讚歌에 淵源하고 있는 것이다.

(3) 아타르바 베다(Atharva-Veda)의 讚歌

  아타르바 베다는 특히 많은 呪文으로 構成되어 있다. 婆羅門의 利益에 관한 祈禱와 呪文, 우주의 개벽과 根源的 힘에 관한 것, 祭祀 및 儀式의 찬가 등은 리그 베다의 그것과 大同小異하지만, 富貴・多男・長壽・戰勝 등에 관한 呪文이나, 怨敵・王位에 관한 저주스러운 呪文들은, 이것이 아리얀들에 의한 作品이라기보다 그들에게 征服된 原住民들의 作品이 아닌가 생각된다.

  여기에 나타나는 宇宙의 根本原理로서는 스캄브히(Skamaha, 기둥)찬가와 카알라(Kāla)찬가가 있다.

1) 스캄브하(Skambha)의 찬가

① 움직이는 것, 나는 것, 서 있는 것, 呼吸하는 것, 호흡하지 않는 것, 또는 明滅하는 것, 이 모든 것들이 가지가지의 相을 나타내어 大地를 버틴다. 이들은 필경 하나일 뿐(ekam)이다(Atharva Veda X. 8, 11).

② 아름답고 不老不死한 神性이 人間의 집에 있다. 그(보유자)로서 정해진 者(人間)는 (이미 죽어) 누웠다. 그를 만든 자 창조신은 이미 늙었다.(Atharva Veda X. 8, 26).

③ 욕망이 없고 賢明하며 죽지 아니하고 스스로 태어나 活力에 가득 차 있으며 결함이 없는 자, 즉 賢明하고 늙지 않는 언제나 푸르른 아트만(Ātman)을 아는 자, 그는 죽음을 두려워하지 않는다 (Atharva Veda X. 8, 44).

스캄브하는 앞에서 잠깐 언급한 바와 같이 버티는 자, 支柱의 뜻이다. ①에서 引用된 <하나일 뿐>이라는 것은 단순히 數量的인 의미라기보다는 調和·平和·統一을 뜻하는 總和的인 뜻으로 이해하면 좋을 것이다. ②의 引用句는 人間에게 內在된 神性 다시 말해서 眞我를 이야기하고 있으나 神도 또한 늙게끔 마련된, 괴멸의 存在라는 뜻이다. ③은 結論으로 보아도 무방하다. 스스로 태어남(獨)은 곧 永遠을 뜻한다. 神과 나와를 연결하는 支柱 소위 <만남(encounter)>으로서의 아트만이 人間에게 內在되어 있는 것이다.

2) 카알라(Kāla, 時間)讚歌

① 時間은 일곱 개의 말고삐를 가진 말처럼 달린다. 천개의 눈(天眼)을 가지고 늙음도 없이 種子가 풍부하다. 賢明한 詩聖은 이 수레에 탄다. 이 수레의 수레바퀴는 一切의 衆生이다.

② 이 時間은 일곱 개의 수레바퀴를 가지고 달린다. 그 수레의 바

퀴통(穀)은 일곱 개이며, 그 바퀴의 차축도 또한 일곱 개이다. 一切
衆生을 出現시키며 時間은 제일가는 神으로서 달린다.

③ 충만한 병(시간의 상징)이 시간의 수레 위에 놓여 있어 우리는
그 多樣한 모습을 본다. 그는 一切衆生을 향하여 온다. 사람은 말하
되, 이 時間이 最高天에 있다고 한다.

④ 그는 실로 일체 중생을 成就시키고 그는 실로 일체 중생을 포
위(支配)하였다. **衆生의 아버지로서 그의 아들이 되었다.** 이보다
더한 威力은 다시없다.

⑤ 시간은 하늘을 낳고, 또 시간은 땅을 낳았다. 旣存未存의 모든
것이 시간으로 말미암아 創出되어 展開한다.

⑥ 시간은 大地를 낳았다. 太陽이 時間속에 빛난다. 일체 중생이
시간 속에 存在한다. 눈이 무엇을 볼 수 있는 것도 이 시간 속에서
이다.

⑦ 思考(Manas)가 시간 속에 있으며 呼吸(Prāna)이 시간 속에 있
으며, 名稱(nāman)이 또한 시간 속에 位置한다. 시간이 도달할 때에
일체중생은 歡喜한다.

⑧ 熱(Tapas)이 시간 속에 있으며, 最高物(jyeṣṭham)이 시간 속에
있으며 婆羅門(Brāhman)이 시간 속에 위치한다. 시간은 일체의 主
人公이다.

⑨ 모든 것이 시간에 의해 創出되어, 그에 의해 産出되어, 一切는
구속에 安立한다. 時間은 梵(Brahmāna)이 되어 最勝者(Parameṣṭhin)
를 버틴다.

⑩ 時間은 衆生을 만들었다. 시간은 최초의 生主(Prajāpati, The
lord of all living beings)이며, 스스로 태어난 카샤파(Kasyāpati, 神
的存在)도 시간으로 말미암아 생겼다. 타파스(Tapas)도 또한 시간으
로 생겨났다.(Atharva Veda XIX. 53 1~10).

①, ②에서는 일곱이라는 숫자가 强調된다. 古代印度人들은 周期를
七日로 보았고, 특히 일곱이라는 숫자는 東洋人에게 아주 重要한 것

이었다. 그러나 이 七周期를 가진 時間이 人間에게 전부 노출되는
것은 아니다. 印度的인 思考方式으로는 그 일부분만이 보여진다는
것이다.

④에서 引用된 <중생의 아버지로서 그의 아들이 되었다>는 것은
많은 含蓄性을 지닌 表現이다. 본질적으로는 중생을 낳은 아버지이
지만, 중생들이 그 아버지를 아들로 만들어 버린 것이다.

印度的 概念으로서의 <聖스러움(眞理)>이란 이와 같이 <만든 것
속에 감추어진 것>이다. 따라서 眞理는 外部的인 것이 아니라 內面的
인 것이며, 찾아야 할 對象이 아니라 자기 속의 것을 깨닫는 일이다.

人間이란 자기의 本然을 잊고 彷徨하는 失鄕民이다. 본래의 自己
로 되돌아가는 것이 <깨달음>이며 解脫인 것이다.

(4) 브라흐마아나(Brahmāṇa)時代의 祭式萬能主義

베다에 대한 註釋書로서 브라흐마아나(Brahmāṇa)가 成立되면서
紀元前 10세기부터 8세기경까지 브라흐마아나의 時代로 접어든다.

五河地方에서 安住하던 아리얀들은 기원전 10세기경부터 東쪽을
향하여 移住를 開始하여 야무나아(Yamunā)河 근처의 肥沃한 平原을
차지하였다. 그 지방은 기름진 土地와 酷熱多雨한 기후로서 農業에
종사하기에는 아주 적당한 곳이었다. 이 地方에 定着하면서 아리얀
들은 牧畜을 중심으로 하는 遊牧生活에서 農耕에 從事하였다. 많은
部落들이 생겼고 그것은 司祭者를 중심으로 하는 氏族制 農村社會의
確立을 이루었다. 孤立的, 閉鎖的인 經濟生活을 영위하던 그들이 司
祭를 중심으로 하는 階級社會를 確立시킨 것도 바로 이때였다. 아리
얀들에 의해 征服당한 先住民들은 隷民으로 勞力에 종사하였다.

소위 캐스트(Caste)라고 불리는 四姓階級이 確立되었고 그것은 다

음과 같다.

① 브라흐마나(Brāhmaṇa)……婆羅門·司祭族.
② 크샤트리야(Kṣatriya)……刹帝利·武士·王族.
③ 바이샤(Vaiśya)……毘舍·商人·平民族.
④ 수드라(Sūdra)……首陀羅·노예족.

司祭와 王族만이 獨立된 權利를 가질 수 있었다. 職業은 世襲으로 이어졌으며 계급 간의 結婚은 없었다.

司祭者는 社會의 指導者로서 祭祀教學을 獨占하였고 社會의 극진한 尊崇을 받았다. 인간의 讚歌와 祭祀에 만족하는 神에게 올리는 儀式은 오직 司祭者를 통해서만 가능하였고, 이후 3000여 년 동안 婆羅門族은 印度文化의 주역으로서의 위치를 차지하게 되었던 것이다.

婆羅門族들은 다른 계급들에 대한 그들의 우월을 强調하였고, 그것은 三大綱領으로 表出되었다. 첫째, 베다 天啓主義, 둘째, 婆羅門至上主義, 그리고 셋째로 祭式萬能主義였다.

브라흐마아나의 神들은 不和·비겁·背信·질투·貪欲·교만의 化身으로 묘사되고 있다. 따라서 당시에는 人間相互間의 行爲規範이나 倫理 意識을 重視하는 것이 아니라 祭祀儀式에 몰두하게 되었다.

나태, 화내는 것, 도박하는 것 등은 모두 不道德한 것이라고 생각되었다. 가장 重한 罪는 婆羅門을 죽이는 것이었다.

이 時期에 있어서 哲學的으로 문제되는 것은 來世觀의 變貌이다. 古代 베다에 있어서 가장 즐거운 곳, 窮極의 곳으로 생각되어지던 야마(Yama) 王國에서도 괴로움이 있고, 다시 죽을 수 있다(Punarmṛtyu)고 생각되었던 것이다. 다시 말해서, 이것은 輪廻(Saṃsāra)라는 觀念의 萌芽인 것이다.

이 당시의 神觀을 結論的으로 말한다면, 神들은 自由意思에 따라 恩寵을 베푸는 人格的인 主體가 아니라 自然界의 여러 現象的 概念

과 同等한 位置에 있는 名目上의 존재일 뿐이다. 따라서 司祭者는 神에 奉仕하는 경건하고 온순한 修行者가 아니라 呪力의 所有者, 나가서는 呪力으로써 神들을 마음대로 부리는 呪術者로 登場하게 되었다.

이렇게 개성을 喪失하고 沒落해 버린 諸神代身에 世界創造의 根源的 神으로서 프라쟈아팟티(Prajāpati 造物主)라는 새로운 神이 등장하였다. 원래 프라쟈아팟티神은 子孫 기축의 增殖, 保護의 神이었던 것이 이 時代에 이르러 創造神의 地位에 오르게 되었다.

다른 讚歌들의 패턴과 마찬가지로 먼저 프라쟈아팟티가 世界를 創造하려는 愛欲(Kāma)을 일으키어 努力 苦行 끝에 그 세력을 發現시켜서 一切萬物을 탄생시켰다는 것이다. 이 創造神話에서 한 가지 흥미있는 것은 世界創造의 最初에 물(水)을 想定하는 점이다. 그 <물>이 萬有를 包藏하는 <黃金의 알>을 띄우고 있었으며, 거기서부터 造物主가 出現하여 萬有를 生起케 했다는 것이다.

이 神話는 후대에 이르러서는 조금 變質되어서 男性的 原理로서의 프라쟈아팟티 옆에, 女性的 原理로서의 바아크(Vāc)가 있어서 이들의 交合에 의해 萬有가 生成된다는 줄거리를 낳기도 했다.

제3장 우파니샤드의 哲學

(1) 우파니샤드(Upanisad)의 思想的 特徵

우파니샤드란 말은 <가까이 앉는다>, <秘密의 會座>라는 의미를 가진 것이며 <奧義書>라고 번역하기도 한다. 印度哲學의 史的 區分에 있어서 이 時期는 베다 時代, 브라흐마나 時代에 이은 제3期에 해당한다. 紀元前 8세기부터 5세기경까지 이르는 이 시기는 印度思想史의 흐름에 있어서 大轉換期로 看做된다. 물론 베다 시대의 神話的 宇宙觀 시대에 있어서도 宇宙의 根源的 原理에 대한 摸索이 없었던 것은 아니지만, 祭祀·儀式의 범람으로 祭式萬能的인 風潮로 일관했던 브라흐마나 時代와 對比한다면, 이 時期는 자유로운 思索과 自我認識을 위한 끈질긴 探究의 時代이기도 하였다.

당시의 社會制度는 아직도 四姓制度가 완강히 뿌리박힌 農村社會였었다. 그런데 한 가지 注目되는 사실은 武士·王族인 크샤트리야族이 社會的으로 보아 훨씬 向上된 地位를 갖게 된 점이다. 그것은 婆羅門族들의 타락에 起因한다. 祭式中心主義가 極을 이루면서 司祭族의 횡포는 걷잡을 수 없어졌다. 神들에게 제사 드리면 所願을 이루어준다. 그런데 제사드릴 수 있는 것은 오직 婆羅門族이다. 따라서 司祭族은 <살아있는 神>이 되어버린 것이다. 그 形式的이고 劃一的인 僧侶族들의 橫暴에 民衆의 대부분은 싫증을 느꼈고, 그것이 婆羅門族들의 몰락을 招來한 原因이 되었던 것이다. 이런 상황에서 싹튼 우파니샤드 사상은 모든 事物의 根源的 힘으로서 梵(Brahmān)을 想

定하였으며 그것은 또한 人間에게 內在되어 있는 不可說·不可觸의 形而上學的 實體인 我(Ātman)와 <하나인 것>이라고 생각되었다.

그것이 우파니샤드를 일관하는 소위 <梵我一如思想>이며, 그것을 說明하는 방법으로는 늘 對話(dialogue)의 形式을 취하고 있다. 對話는 論理的, 體系的이기만 한 것은 아니고 다분히 隱喩的이고 神秘的이다.

또 다른 우파니샤드의 특징은 <知識(jñāna)의 重視> 사상이다. 종래 생각되던 祭祀의 效果보다도 더욱 중요하게 인식되는 것은 祭式의 眞意를 追求하는 일이다. 또한 絶對的인 安心立命의 境地, 解脫을 얻기 위해 가장 중요한 것도 바로 <智>이다. 이러한 지혜는 苦行편력을 通해서만 얻어지는 것이며, 이것의 發現으로서만 人間의 窮極的 解脫은 可能하다는 것이다. 우파니샤드의 成立年代에 관해서 일괄적으로 말하기는 곤란하다. 대체적으로 그 종류는 108가지가 잇는데, 그중에서도 가장 빨리 成立된 것은 佛敎의 敎祖인 佛陀(Buddha)가 出現하기 이전에 벌써 成立되었으며, 늦은 것은 紀元後 2세기경에 成立된 것이리라 推定된다.

① 初期(佛敎以前) 第一期 Bṛhadāraṇyaka Upa. Chāndogya Upa.
　　　第二期 Aitareya Upa. Kauṣītaki Upa. Taittirīya Upa.
　　　第三期 Kena Upa Iśa Upa.
② 中期(佛敎以後) Kāthaka Upa, Muṇḍaka Upa Praśa Upa B. C.
　　　350~300 Svetśvatara Upa. B. C. 300~200
③ 後期 Maitrāyaṇa Upa-B. C. 200?
　　　Māṇḍūkya Upa.
　　　Maitriyāna Upa, Prāna Upa-A. D. 1~200

우파니샤드의 觀念論的 一元哲學의 토로는, 앞서도 言及한 바와 같이 抽象的 思索의 結果라기보다는, 神秘的 靈感에 의한 確信을 토로한 점에서 일견 散慢한 듯 느껴지기도 하지만, 自己喪失의 實存이라는 觀點에서는 흥미 있는 課題가 아닌가 생각된다.

우파니샤드의 번역 및 研究書로는 다음과 같은 것들이 있다.

- ◦ F. Max Müller ; *Upanshads*, 2parts. 1879. 1884. (S. B. E. I. XV),
- ◦ P. Deussen ; *Sechzig Upanishad's des veda*. Leipzig, 1897.
- ◦ R.E. Hume ; *Thirteen Principal Upanishads*, Oxford, 1921. ed. 1931.
- ◦ S. Radhakrishnan: *The Principal Upanisads*, London, 1953.
- ◦ Juan Mascaro: *The Upanishads*, 1965. Penguin Books
- ◦ H. Oldenberg ; *Die Lehre der Upanishaden und die Anfänge des Buddhismus* Cötingen 1915.
- ◦ B. Barua ; *A History of Pre-Buddhistic Indian Philosophy*, Calcutta, 1921.

(2) 샨드리야(Śāndlya)의 梵我一如思想

샨드리야는 萬有의 眞理를 브라흐만(Brāhman)이라 부르고, 그것은 또한 우리가 經驗하는 一切의 事物과 동일한 것이라고 생각하였다. 브라흐만은 自己의 思惟 意欲을 現實에 實現하는 者이다. 모든 欲望 모든 香氣를 갖춘 根源的인 것, 그러면서도 萬有에 遍在한 것이 바로 梵이라는 것이다.

한편 人間에 內在되어 있는 아트만(Ātman)은 원래 <本來의 自己>를 指稱하는 말이었는데, <몸속에 存在하는 黃金의 原人>, <心臟의 內部에 있는 我> 등으로 불리어진 말이다. 작기로는 한줌 微塵보다도 작고, 크기로는 天地보다도 큰 超越的 實體 그것이 아트만이며, 이것이 梵과 둘이 아니라는 믿음을 가질 때라야 人間은 解脫을 얻는다는 것이다.

原文을 摘記하면 다음과 같다(Chandogya Upa. Ⅲ. 14, 1~4. Br̥hāda-raṇyaka Upa, V. 6.).

① 眞實로 이 世界는 梵 바로 그 自體이다. 그로부터 모든 것이 나왔으며, 그가 없이는 모든 것은 崩壞되고 말 것이며, 그 안에서만 모든 것은 呼吸할 수 있다. 고요히 우리는 梵에 대하여 명상해 보아야만 한다.

② 眞實로 人間은 意向(Kratu)으로 構成되어진 存在이다. 自己가 가졌던 의향에 의하여 現在에 存在하고 있으며, 또 지금의 願하는 바는, 우리가 現世를 버릴 때 그 願하는 대로 될 것이다.

③ 心性으로 뭉쳐진 사람, 그의 自體는 生命이며, 그의 形態는 빛이다. 그 概念은 眞理이며, 그 靈魂은 空間이다. 모든 行爲, 모든 欲望, 모든 香氣, 모든 맛, 이 세상의 모든 것을 포함하고 있다. 그것은 말로써 할 수 없는 것이며(不可說), 그것은 모든 執着을 떠난 것이다.

④ 그것이야말로 우리들에게 內包된 自我라고 하는 것이다. 작기로는 쌀 한 톨보다도, 겨자씨보다도 작은 것이며, 크기로는 이 世界보다 이 大氣보다, 이 天空보다도 큰 것이 바로 自我이다.

⑤ 모든 行爲, 모든 欲望, 모든 香氣, 모든 맛 등 이 세상 모든 것을 內包하고 있는 自我는 言說을 떠난 것이며, 執着을 떠난 것이다. 그것은 自我이며, 또한 梵이다. 그것을 通해 나는 다른 世界(來世)에로 들어갈 수 있는 것이다. 이것을 믿는 者, 그는 아무런 疑心도 갖지 않을 것이다.

이것은 個體的 靈魂과 宇宙遍在者이며, 총괄자인 超越的 梵이 동일함을 주장한 梵我一如說인데, 다음과 같은 몇 가지 점이 注目될 만하다.

첫째, 梵은 萬有의 根源이며, 生命의 源泉이다. 둘째, 人間의 運命은 그 意向에 따라 決定된다. 따라서 人間은 因果律 속에 존재한다고 말할 수 있다. 셋째, 自我는 世俗的 感性이나 意志를 벗어난 超越的인 것이며, 宇宙遍在者요 汎內在的인 形而上學的 實體이다. 넷째, 梵과 我가 一如함을 믿고 그것을 實現하는 것이 곧 解脫이다.

神秘的 自我의 開發을 위한 努力 그리고 人間 意志의 自律的 開發을 强調한 그의 思想은 웃다라카, 야쥬나발키야 등에 의해 더욱 發展되어 간다.

(3) 웃다라카(Uddālaka)의 有(Sat)論

사트(Sat)란 말은 <生命>, <빛> 등을 뜻하는 말로서 <存在自體>를 가리킨다. 웃다라카는 이 사트가 萬有의 絶對者이며, 그로부터 모든 것이 생겨났고, 또 모든 것은 다시 사트에로 되돌아가게끔 된 것이라고 주장하였다.

물론 이러한 思想은 리그 베다 등에서나 또는 샨드리야에게도 있었던 것이기는 하지만, 그는 특히 絶對者로서의 사트가 變形시킨 現象界의 差別相과 그 過程을 상세하게 說明하고 있다. 따라서 인간의 構成도 自然界의 그것과 같은 것이다. 火·水·食物의 三元素가 인간의 諸部分과 諸機能을 構成하는 것이며, 단지 인간은 그것의 源泉인 사트를 認識하지 못할 뿐이다. 사트는 肉眼으로 知覺되어질 수는 없는 것이다. 生命의, 本體가 다하였을 때, 肉身이 滅했을 때라야 그 사트와의 合一은 可能하다고 보았다.

또한 웃다라카가 그의 아들 스베타케투(Svetaketu)와 對話를 나누는 동안 여러 번 反復되는 名句 가운데 <네가 바로 그것이다(Tat tvam asi)>, 내가 브라흐만이다(ahaṃ brahma smi)> 등은 바로 웃다라카의 思想을 가장 잘 나타내 주고 있는 二大名句로 손꼽힌다.

웃다라카는 數年間 집을 떠나 베다를 비롯한 여러 學問을 섭렵하고 歸家한 아들에게 奇想天外의 質問을 던진다.

① 사랑하는 아들아, 너는 보이지 않는 것이 보여지고 들을 수 없는 것을 듣게 되고, 알 수 없는 것을 알게 되는 그러한 法을 배웠는가?

어떻게 그러한 가르침이 있을 수 있겠습니까?

② 흙으로 빚어진 모든 것은 진흙이라는 그 本質自體를 앎으로써 모두 다 알 수 있는 것이다. 그것이 도자기이건, 물그릇이건, 항아리이건 그 모든 것들은 단지 말에서 생긴 變型된 이름일 뿐이다. 眞理는 흙-바로 그것일 뿐이다.

③ 이와 같이 사랑하는 아들아, 太初에는 오직 Sat만이 存在하였을 뿐 제 2의 것은 없었다. 그것이 變型된 모습이 이 世界일 뿐이다. 眞理는 다만 사트-그것뿐이다(Chāndogya Up. Ⅳ. 1. 1~3).

웃다라카는 아들의 理解를 돕기 위해 譬喩로써 사트의 變質과 展開를 說明한다.

① 사랑하는 아들아, 太初에 이 宇宙는 사트뿐이었다. 오직 하나일 뿐 제 2의 것은 없었다. 이에 관하여 어떤 사람은 말했다. 太初에 이 우주는 아사트(Asat非有)뿐이었고 오직 하나이었으며 제 2의 것은 없었고, 그 아사트로부터 사트가 생겼다고.

② 그러나 실로 사랑하는 아들아, 어찌 그럴 수가 있었으랴. 어찌 아사트로부터 사트가 생길 수 있었을까. 나는 이렇게 말한다. 「아니다 사랑하는 아들아, 太初에 이 宇宙는 사트뿐이었다. 오직 하나였으며 제 2의 것은 없었다」라고.

③ 그 사트는 생각했다(manas). 「내가 많아지리라, 번식하리라」고. 그는 불(Tapas)을 처음으로 만들었다. 그 불은 생각했다. 「내가 많아지리라, 번식하리라」하고. 그 불은 물(Apas)을 만들어 냈다. 어디에서나 苦熱을 느끼면 사람이 땀을 흘리는 것은 그 까닭이다. 그때에 불로 말미암아 물은 생기는 것이다.

④ 그 물은 생각했다. 「내가 많아지리라, 번식하리라」 하고. 그는 곡식(Pṛthivi 地)을 만들어냈다. 어디에서나 비가 내리면 곡식이 풍부해지는 것은 그 까닭이다. 그때에 물로부터 곡식은 생기는 것이다.

⑤ 이에 사트는 생각했다. 「이제 내가 아트만으로서 이 火·水·地 속에 들어가 名色(nāma-rūpa)을 展開하리라」 하고 이상이 사트가

展開된 樣態인데, 그것을 더욱 展開시킨 것이 바로 森羅萬象이라는 것이다. 萬有는 地·水·火의 三大要素로 構成되었으며, 그것들 중에 세 가지 要素가 事物을 展開시킨다. 그것을 圖表로 表示해 보면 다음과 같다.

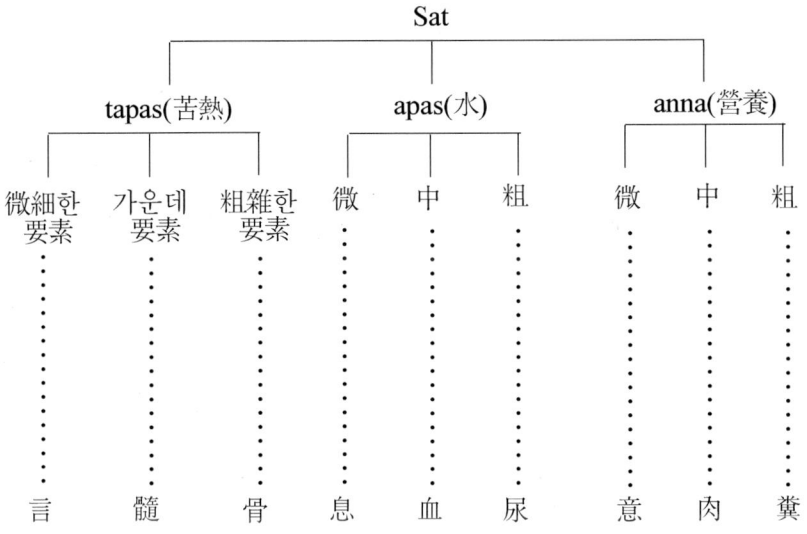

그렇다면 有無를 超越한 絶對的 實體인 사트를 어떻게 認識할 수 있을 것인가 웃다라카는 씨앗과 소금물의 비유를 들어 이것을 理解시키고자 한다.

① 거대한 無花果의 잎과 줄기, 그리고 다른 모든 것들은 전부 조그마한 無花果의 씨앗으로부터 始作되었다. 씨앗 속에서 다시 그 原質을 찾기 위해 씨앗을 分割한다 해도 결국 無花果가 있게 한 그 原質은 發見할 수 없다. 그러나 그렇다고 해서 거대한 나무의 잎과 줄기는 바로 그 微細한 要素에서 생긴 것임을 否認할 수는 없는 것이다. 그 微細한 要素가 바로 사트이며 아트만이다. 「네가 바로 그것이다」

② 물에 소금을 뿌렸다. 그 물맛은 틀림없이 소금의 맛이다. 그렇

지만 소금은 그 소금물의 어디에도 存在하지 않는다. 보이지 않지만 보여지게 하는 것, 들리지 않지만 들려지게 하는 자, 그것이 바로 사트이며, 아트만이다. 「네가 바로 그것이다」.

③ 萬有는 사트를 本性으로 하고 있다. 그는 진실하며 그는 아트만이다. 「네가 바로 그것이다」.

④ 生命이 숨을 거둘 때 이 肉身은 죽는다. 그러나 아트만은 죽지 않는다. 이 一切는 微細한 사트를 本性으로 하고 있다.

(Chāndogya Upa. Ⅵ,. 2. 1~4)

사트의 認識이야말로 最高의 깨달음 解脫이지만, 人間의 生存時 그 해탈은 참으로 얻기 어려운 것이라고 웃다라카는 설명하였다. 熟眠을 이룰 때, 그때에는 사트와 가까운 狀態가 되는 것은 사실이지만, 그것도 또한 사트와 一致된 狀態에 도달한 것은 아니다. 우리가 사트와 온전히 合致될 수 있는 것은, 우리의 肉身이 滅한 後, 즉 죽은 뒤에야 可能한 것이다. 그렇지만 살아 있을 때의 解脫이 완전히 不可能한 것은 아니다. 우리가 사트에로부터 産出되었음을 깨달을 때, 不完全하나마 사트에로의 合一, 歸還은 可能한 것이다.

이러한 思考方式은 印度人의 傳統的 思惟方法에 起因한 것으로서. 肉身을 가진 解脫은 <有餘依涅槃>이라고 해서 온전하지 못한 것으로 看做하였다. 죽은 후의 것, 無餘依涅槃이야말로 窮極的 解脫인 것이다.

印度人들은 出家 苦行을 통해 해탈을 얻으려고 하였는데, 그들이 몸을 괴롭히는 이유도, 다름 아닌 우리의 해탈을 방해하는 것이 바로 肉身이라고 보았기 때문이다. 이 障碍를 완전히 벗는 것은, 역시 죽은 후에라야 可能한 것이다.

이제 웃다라카의 사트論을 要約하여 結論을 맺어 보면, 다음과 같은 몇 가지로 集約될 수 있을 것이다.

첫째, 그는 우선 根源을 摸索하는 方法論으로서 歸納의 方法을 使用하였다. 즉 普遍的 理論인 事物의 現象, 드러나진 結果 등에서 特殊한 理論인 그 本體, 그 原因을 追求한 점이다.

둘째, 그에게 있어서 사트란 肉眼으로 보여지거나 만져질 可視的·可感的의 것이 아니다. 그것은 갖추어진 것, 潛在되어진 것이다. 그러므로 그것의 認識은 生存時에는 거의 不可能한 것이라고 보았던 것이다.

셋째, 그가 萬有를 사트에서 비롯된 것이라고 보았음은 이미 밝힌 바이지만 萬物은 다시 사트에로 歸還하는 과정에 있는 것이라고 보았다. 즉 큰 바다의 물이 증기가 되어 증발하고 그것이 다시 구름이 되고, 비가 되고 샘이 된다. 샘은 江이 되어 다시 바다로 들어오는 輪廻의 연속이 萬物의 本然이라고 본 것이다.

넷째, 그 萬物의 本然을 깨닫는 것은 解脫이지만, 아울러 人間의 當爲(Sollen)이기도 하다. 사트에서 나왔으면서도 사트를 認識하지 못하는 것이 萬有이지만 그들이 깨닫고, 깨닫지 못하던 다시 사트에로 되돌아가야만 하는 것이 萬有 순환의 眞理이다.

(4) 야쥬나발키야(Yājñavalkhya)의 아트만(Ātman)論

야쥬나발키야는 브리하다란야가(Bṛhadaraṇyaka) 우파니샤드의 三卷 및 四卷에 登場하는 人物인데 웃다라카의 弟子라고 한다. 그는 또한 그의 아내이자 제자인 마이트레이(Maitreya)와의 對話를 통하여 그의 아트만論을 전개한다.

아트만(Ātman)은 원래 <氣息>의 뜻으로 쓰였던 말인데, <生氣>, <身體>의 뜻으로 바뀌었고, 哲學的 개념으로는 <生命原理>, <眞我>, <自己>, <靈魂>의 의미를 가진 述語로 使用되었다. 이를테면 <萬物에 內在되어 있는 영묘한 힘>이라는 뜻을 가진 形而上學的 實體로 認識되게 되었던 것이다.

아트만은 實在이다. 그것은 우리가 經驗하는 모든 事物, 現象의

起源이다. 그것은 마치 젖은 나무에 불을 붙이면 연기가 四方으로 가는 것과 같이, 연기가 처음에는 없었건만 불을 붙이므로 연기가 난다. 이와 같이 아트만은 없는 것처럼 보이지만 기실 아트만은 實在하는 것이다.

사람의 사람다운 價値는 아트만에 있다. 남편을 사랑하기 때문에 남편이 귀한 것이 아니다. 아트만이 있기 때문에 남편을 사랑하는 것이다(Bṛhada UpaⅣ, 5, 1~2)

실로 아트만은 보여져야 하며 생각되어져야 하며 특히 깊이 생각되어져야만 한다. 실로 아트만이 보이고 들리고 생각되고 認識되면 모든 것이 자연히 알려진다.

그러나 아트만은 形態로 나타나지는 것이 아니다. 그것은 마치 북소리와 같다. 북소리를 들으려면 북을 쳐야 하는 것처럼 아트만을 드러내려고 한다면 우리 인간 全存在의 마음은 智慧로워져야 한다. 또한 아트만은 바닷물 속의 소금과도 같다. 그것은 천박하고 피상적인 一般的인 認識對象이 아니라, 그 일반적 인식이 닿지 않는 은밀하고 깊은 예지이다(Bṛhada UpaⅣ, 5, 3~5).

아트만을 發現시키는 것, 그것이 解脫이며 不死(Amṛta, immortality)의 경지인 것이다. 진실로 가치 있는 것은 財寶도 子息도 神도, 베다도 아니다. 가장 高貴한 것은 내 속의 永遠, 아트만 그것뿐이다. 그렇다면 어떻게 아트만을 認識할 수 있단 말일까? 아트만은 깊은 지혜의 눈을 通하지 않고서는 感知될 수 없는 것이다.

마이트레이가 아트만에 관해 물을 때, 여러 번 반복해서 그는 <neti neti>라고 대답한다. na iti na iti, 즉 이것도 아니고, 저것도 아니라는 말이다. 다시 말해서 아트만은 不可說, 不可觸의 形而上學的 實體라는 뜻으로 이해하면 좋을 것이다. 구태여 不完全한 表現을 빌린다면, 그것은 <智慧의 純粹함(Prajñāghana)>이다. 그러나 그렇다고 해서 그 言語道斷의 神秘的인 實體로서의 아트만은 觀念化된 對象도 아니다. 아트만은 내 안에 있으면서 나의 認識, 思考, 行爲 등 모든 것의 本體이다. 그렇기 때문에 나의 主體는 아트만이다.

만약 사람이 아트만의 本質로써 사물을 認識할 때 모든 것은 平等하다. 진실로 아트만은 결코 無(Nicht)가 아니다. 그것은 有無의 觀念을 超越한 絶對完全의 것이다.

世俗的인 장애를 떠났다는 점에서 그것은 無일 수도 있지만 가장 根源的인 것이라는 점에서 有일 수도 있다. 만약 진실로 아트만을 發現시킬 수 있다면 主觀과 客觀은 하나일 수밖에 없는 것이다.

일반적으로 우리들 日常生活은 認識의 主體와 對象이 나뉘어져 있는 對立의 關係이다. 이것이야말로 不幸의 씨앗이며 너와 나를 分別하는 原初的 對立이다. 그러나 아트만을 깨달은 사람은 모든 것이 아트만으로서, 모든 對象과 完全히 一致를 이루는 기쁨을 이룬다. 이것이 바로 不死(Amṛti)의 경지이다. 아트만은 <智慧로 構成된 靈魂>이다. 生動하는 힘이 內在된 <內的 光明>이다.

「인간의 肉體는 나고 썩어 없어지지만 실로 아트만은 永遠한 것이다」

「만약 인간이 아트만을 眞實로 인식하여 <내가 바로 그것이다>

(Aham Brahman Asmi, (Tad tvam asi와 마찬가지로 Upaniṣad에서 無數히 보이는 名句이다. XII, 3, IV 1, VIII. 7))

라고 말할 수 있다고 하면 그가 무엇을 求하던, 무엇을 願하던, 모든 것은 成就될 수 있다.

「自我를 깨달은 사람, 그는 그 永遠의 叢林에 들어선 자이다. 그는 모든 것의 創造者이다. 왜냐하면, 그는 모든 것의 製作者이기 때문이다. 그는 곧 天國이다.」   (Bṛhada UpaIV, 4, 16~7)

그렇지만 그 어떠한 神秘한 絶對의 境界도 말에 의해서는 정확히 묘사될 수 없는 것과 같이 아트만에 대한 모든 說明도 不完全한 것

이며 一部面의 것일 뿐이다. 참으로 아트만은 「이것도 아니고 저것
도 아니다」

아트만의 認識이 解脫이라는 것은 누누이 强調되어온 바이지만,
그는 앞章에서 列擧한 샨트리야나 웃달라카와 마찬가지로 業
(Karma)思想을 가졌었다.

실로 인간은 善業에 의해, 善한 사람이 되고 惡業에 의해서 惡者가
된다.

(Bṛhada UpaⅣ, 4, 16~1)

業에 의해서 世界는 끊임없는 輪廻를 계속한다. 이러한 輪廻의 主
體는 人間의 身體가 滅한 후에도 없어져 버리는 것이 아니라, 다른
사람에게로 들어가는 것으로 생각되었다. 아울러 그 業의 果報는 來
世에 가서 모두 다 받게 된다고 說明하였다.

그러므로 이 괴로움의 輪廻를 벗어나는 길은, 아트만의 自覺에 의
해 可能할 뿐이다. 그렇게 하기 위해서 그는 스스로 그러했던 것처
럼 世俗의 欲望을 버리고 出家하여 遊行할 것을 强調하였다.

야쥬나발키야에게 있어서 아트만이란, 보는 것의 보는 자, 듣는
것의 듣는 자, 느끼는 것의 느끼는 자─바로 根源이며, 世界와 人間
의 內在者로서 모든 것을 支配하는 實體이다. 아트만은 남이 보지
못하지만 스스로 보는 자이며, 남이 듣지 못하지만 스스로 듣는 자
이다. 아트만 이외에는 보고, 듣고, 思考하고 認識하는 자가 없는 至
高의 것이다.

야쥬나발키야가 권장하고 있는 宗敎的 修行方法은 一般的인 出家
遊行 외에도 苦行까지를 包含하고 있는 것이다. 즉 世俗的인 欲望에
얽매어 있는 한 解脫은 不可能한 것이며, 그것은 또한 世俗的인 生
活下에서도 不可能한 것이다. 따라서 出家하여 遍歷과 遊行을 繼續
하면 禁欲과 苦行을 닦는 길만이 解脫의 捷徑이다.

苦行主義만 해도 印度의 習俗으로는 아주 普遍的인 修行方法이었다. 즉 나약한 肉體 때문에 靈魂의 解脫이 不可能하다는 것이 그들의 習慣的 경향이었기 때문에 苦行을 통해, 肉體의 世俗的 欲望을 억누름으로써 解脫을 얻고자 하였던 것이다.

제4장 都市의 發達과 자유로운 思索의 開花

(1) 都市의 發達

갠지스 江의 上流地方에 定着하였던 아리아人들은 紀元前 5세기경부터 서서히 동쪽으로 進出하기 始作하였다. 文化의 중심지도 서서히 갠지스 中流地方으로 移動하기 시작하였고 사회적 文化的으로도 커다란 變動을 가져오게 되었다.

한편 이 당시에는 아리아人들과 先住民들과의 混血이 盛行하였다. 文化的인 側面으로 볼 때 混血은 傳統的 風習과 儀禮 등을 충실히 따르는 것보다는 그것들의 急進的인 崩壞를 가져오기 때문에, 오히려 文化的으로는 퇴보하는 징후를 보이기 시작한다. 종래에 통용되던 산스크리트(Sanskrit) 대신에 俗語로서 프라크리트(Prakṛt)가 使用되는 것도 바로 이 時期였다.

갠지스 流域의 肥沃한 土壤은 豊饒한 農産物을 産出하였고, 物質的 生活의 豊饒는 점차 商工業의 發達을 촉진시켰다. 傳統的 農耕社會가 崩壞되고 商業的인 都市經濟가 發達하게 된 것이다. 이 당시에는 많은 小都市들이 생겨났고, 또 인도의 역사상 처음으로 이러한 小都市를 中心으로 群小國家가 생겨나게 되었다. 그들 중 어떤 곳은 貴族政治나 共和政治의 制度를 施行하기도 하였으나 점차로 國王의 統治에 의해 大國家로 倂合되는 趨勢를 보이고 있었다. 大國의 首都는 繁榮의 極을 이루었고 저마다 壯大한 都市를 建設하기에 이르렀다. 당시의 强盛한 國家體制를 갖춘 나라 가운데에서도 코오살라

(Kosala), 마가다(Magadba), 아반티(Avanti), 밤사(Vamsa) 등 네 나
라는 가장 强盛한 나라로 손꼽히게 되었다.

이러한 國家中心의 發達로 종래의 四姓階級 중 가장 優位를 차지
하고 있던 브라흐만 族은 점차로 權威를 잃어가고 대신 武士・王族
이었던 크샤트리야 계급이 괄목할 만한 伸張을 보였다.

또한 諸都市 간의 商工業이 非常한 發達을 보임에 따라 貨幣經濟
가 發達되고 따라서 市民계급이었던 바이샤 族들은 莫大한 富貴를
누리게 되었다. 商工業者들은 많은 組合을 형성하고 都市內의 經濟
的 實權을 장악하게 되었던 것이다.

> 「설사 奴隷라 할지라도 財寶・米穀・金銀 등이 많이 있으면, 王族이
> 나 僧侶族은 그들보다 먼저 일어나고, 늦게 자면서 일을 보아 주어야
> 한다. 또 그에게 먼저 예배드려야 한다」(MN, Vol.Ⅱ. p.85).

단적으로 이 당시의 社會相을 나타내주는 表現일 것이다.

종래의 바라문 優越的 階級制度는 서서히 무너지고, 物質的 豊饒
는 人間生活에 많은 편의와 安樂을 제공해 주게 되었지만 이러한 物
質的 享樂은 必然的으로 道德的 頹廢의 現象을 낳게 되었던 것이다.

도덕적인 퇴폐가 극심한 가운데 唯物論者・懷疑論者・快樂論者・
運命論者들이 속속 輩出되기 始作하였으며, 서로 간의 討論도 크게
流行하였다. 그 당시 哲學的 爭點이 된 것은 예컨대, 世界는 常한가
無常한가, 來世는 있는 것인가 없는 것인가, 萬物에는 因果律이 內在
하는가 안 하는가 하는 등의 形而上學的 觀念論이었다. 당시의 諸國
王은 그들이 이루어 놓은 여러 都市에서 哲人들의 이러한 對論을 열
게 하여 自由로운 對論의 꽃을 피웠다.

그러나 한편으로는 享樂的 生活에 倦怠를 느끼고 出家하여 禪定에
專念하는 修行者들이 많이 생겨났는데, 그러한 사람들은 슈라마나
(Śramaṇa, Samaṇa, 沙門)라고 불리었다.

原始佛教 聖典에는 이 당시의 諸教說을 <六十二見>이나 된다고 表現하고 있는데 그중에서도 가장 有力한 學派들을 六師外道라고 부르고 있는 것이다. 그들을 특별히 <外道>라고 부르게 된 것은, 이들의 思想은 인도 正統思想史에서 神聖視하는 베다 聖典의 權威를 無視하기 때문에 傳統 힌두이즘의 立場에서 볼 때 異端視되었기 때문이다. 아울러 이들과 거의 同時代에 出現하여 큰 影響을 끼친 佛教의 立場에서 볼 때도 역시 異端이기 때문에 이와 같이 外道라고 불리게 된 것이다.

(2) 六師外道

1) 카샤파의 道德否定論

푸라나 카샤파(Pūraṇa Kāśyapa)는 노예의 아들이었다. 주인의 소외양간에서 出生하였는데 자유로운 몸이 되고 싶어서 도망을 치다가 옷을 빼앗기고, 그때부터 벌거벗고 一生을 지냈다고 한다. 그는 惡道, 惡業에 대한 果報도 否定했다. 殺生·掠奪·强盜·거짓말·姦通 등 모두 罪라고 보지 않았다. 아울러 善道, 善業에 對한 應報도 없다고 생각하였다. 남에게 布施하고, 感官을 制御하는 克己의 生活, 祭祀儀式의 집행 등도 모두 無意味한 것이다. 오직 自身의 感覺的 快樂만이 至上의 目標이다.

2) 파쿠다의 七要素說

파쿠다 카챠아야나(Pakuda Kaccāyana)는, 人間 個體는 일곱 가지 要素로 形成되었다고 생각하였다. 그것 地·水·火·風의 四元素와 苦·樂·生命(jiva, 靈魂)의 일곱 가지이다. 이와 같은 七要素만이 山

頂같이 놓고, 石柱같이 安全하고 不變한 것이다. 죽인 사람도, 죽임을 당한 사람도 없고, 가르치는 사람도 가르침을 받을 사람도 없고, 識別하는 사람도 識別함을 받은 사람도 없다. 만약 사람의 목을 쳤다면, 그것은 오직 칼이 七要素를 通過한 것일 뿐이다.

3) 고사알라의 決定論

마칼리 고사알라(Makkhali Gosāla B. C. 388 죽음)는 아아지이바카(Ājīvaka)教徒였던 兩親이 遊行 중에 낳은 아들이었다. 원래 이 아아지이바카教는 <生活方法에 對한 規範을 嚴密히 지켜나가는 者>라는 뜻을 가진 教團이었는데, 다른 宗教에서는 그들을 <生活을 얻기 위한 手段으로 修行하는 者들> 이라고 비난하기도 하였다. 佛教에서는 이들을 邪命外道라고 부른다. 그들의 教理는 倫理的이라기보다는 다분히 形式主義이었고, 呪術的이었다. 紀元前 3세기경까지는 제법 세력을 가졌으나 이후에는 支那教(Jainism)에 흡수되었다.

고살라는 父母의 영향을 많이 받았고 여기에 자신의 教理를 첨가하여 가르침을 展開시켰다. 고살라에 의하면, 모든 살아 있는 것(Sattva)에는 열두 가지의 構成要素가 있다는 것이다.

그것은 靈魂·地·水·火·風·虛空·得·失·苦·樂·生·死이다. 이 하나하나의 要素가 모여서 個體를 形成하는데, 이 열 둘은 모두 다 實體이며, 이미 태어날 때부터 갖추고 있는 것이다. 이것은 生物이나 無生物이나 모두 같은 것이다. 한편 일체 存在의 樣相은 因緣으로 얽힌 輪廻의 연속인데, 無因無緣의 경지를 얻는 것이 바로 解脫이다. 그런데 解脫은 修行으로도 禪定으로도 얻어질 수 없는 것으로서 이미 決定된 것에 따라서 流轉을 거듭할 뿐이다. 즉 840萬 大劫이 지나면, 어리석은 사람도 賢者도 輪廻를 벗어나고, 괴로움은 幕을 닫는 것이다.

4) 아지타의 唯物論

아지타 케샤 캄바린(Ajita Keśa Kambalin)은 당시의 일부 苦行者의 風習을 따라서 머리털로 만든 옷을 입고 다녔다고 한다. 이것은 또한 宗敎人으로서의 威信을 갖추려고 노력했다는 것으로 생각되기도 한다.

그는 唯物論者이며 快樂主義者였다. 地·水·火·風의 四元素(四大)만이 絶對的 實在이며, 그 이외의 것은 모두 虛妄한 것이라고 했다. 四大의 活動 場所는 虛空이며 그곳에서 배합된 四大는 하나의 個體를 이룬다. 인간의 경우 죽으면, 이 四大는 각각 흩어진다. 地는 外界의 땅으로 돌아가고 水는 水의 集合으로, 火는 火의 집합으로, 風은 風의 集合으로 각각 歸還한다. 器官의 能力은 虛空으로 돌아가게 된다. 따라서 人間 死後에 靈魂이 不滅하지는 않다. 어리석은 사람이나, 賢者나 모두 無로 돌아가고 마는 것이다. 善業도 惡業도 그 受難도 없다. 그러므로 布施도, 祭祀도, 供犧도, 모두 無意味한 일이다.

佛敎에서는 이들을 <世間의 탐욕과 快樂에 따르는 무리>들이라는 의미로 <順世派(Lokāyata, Laukāyatika)>라고 부른다.

5) 산쟈야의 懷疑論

산쟈야 베라티푸다(Sañjaya Belaṭṭhiputta)는 決定論, 非道德主義이면서 애매모호한 懷疑論者였다. 來世란 存在하는가 그렇다고는 생각지 않는다. 그러나 그렇지 않다고도 생각되지 않는다. 아니 그렇지 않다고 생각되지도 않지도 않다. <善惡業의 果報가 存在하는가>라는 문제에 대해서도 그는 늘 이와 같이 애매한 답변을 하곤 하였다.

確定的 知識의 把握이 不可能하다고 본 점에서 이들은 不可知論派(ajñānavāda)라고 불리었다. 한 가지 흥미로운 일은 佛敎의 敎祖였던 釋尊의 十大弟子 중 가장 高德한 제자였던 샤리푸트라(Śāriputra,

舍利弗), 목갈라아나(Moggallāna, 目犍連)의 두 제자와 그의 同門이
었던 250명이 釋尊의 敎團에 歸依한 事例가 있어, 佛敎가 懷疑論을
포섭하는 사실을 보여주고 있는 것이다.

6) 原始支那敎

① 開祖의 生涯(B. C. 444~372. Ca) 支那敎(Jainism)의 開祖는 니간
타 나타푸트라(Nigaṇṭha Nātaputra)이다. 그것은 즈냐타(Jñāta, 尼犍陀) 族
의 出身者라는 의미이고, 本名은 바르다르마아나(Vardharmāna)이다.

紀元前 444年頃 商業都市 바이샬리(Vaiśāi)市의 北部地方에서 王
族의 아들로 태어났다. 結婚한 후 世俗의 生活을 누리다가 33세 때
出家하여 오랜 세월 동안 숲 속에서 苦行하다가 大覺을 이루었다.
그때 그는 스스로 支那(Jina, 勝利者)라고 稱하고, 마하비이라
(Mahāvīra, 偉大한 英雄)라고 불렀다.

그는 이후 72歲로 入滅하기까지 30여 년 동안 說法하였다고 傳한
다. 그는 스스로를 二十四祖라고 불렀는데, 자기 이전에 이미 23명
의 救世者(tīrthaṃkara)가 있었다고 하였다.

이후 正統 婆羅門敎 이외에 印度의 文化 思想에 있어서 가장 큰
영향을 끼쳤던 二大宗敎는 佛敎와 支那敎였다. 支那敎의 敎理 體系
는 佛敎와 흡사한데 이것 때문에 初期 印度學 학자들은 이 둘을 混
同하였던 적도 있다.

② 相對主義(Śyādvāda) 事物의 觀察方法에 있어서 一方的인 判斷
은 禁物이다. 다시 말해서 여러 가지의 입장에 서서 多方面의 考察
이 必要한 것이다. 예컨대 事物의 實體를 파악할 때, 그것은 常住한
다. 無常하다 따위의 片面的 結論은 옳지 못하다. 만약 本質的인 面
에서 보면 常住하지만 現象的인 考察로는 無常하다는 條件法(Syād)
의 立場에 서야 한다. 따라서 印度思想界에서는 支那敎의 立場을 不
定主義(Śyādvāda, 一邊에 치우치지 않음anekāntavāda)라고 부른다.

그들은 또한 베다 聖典의 權威를 否認하는 自由 進取的 思想을 표방하였다. 祭祀는 無價値하며, 캐스트 制度도 또한 排斥하였다. 왜냐하면, 人間에게는 어느 계급이던 보편되는 法(Dhārma)이 있다고 믿었기 때문이다. 인간에게 重要한 것은 그가 어느 계급에 속해 있느냐 하는 것이 아니다. 現世의 苦惱와 비참함에 대해 그가 自覺하느냐 못하느냐 하는 問題에 있는 것이다.

　　살아 있는 것들이 살아 있는 것들을 괴롭힌다. 보라, 세상의 크나큰
　공포를…… 그들은 無力한 身體를 가지고 파멸로 달려가고 있다.
　　　　　　　　　　　　　　　(Āyāraṅga, ed by W. Schubring, p.27)

이와 같은 苦惱와 그것을 벗어나는 解脫을 이루기 위하여 形而上學的 考察이 必要한 것이다.

③ 世界觀　宇宙를 構成하고 있는 것은 여러 가지 要素들이지만 大別한다면 지바(jīva, 靈魂·生命)와 아지바(ajīva, 非靈魂·非生命)의 둘이다. 영혼은 地·水·火·風·動物·植物의 여섯 가지에 각각 다른 個體로 存在한다. 이들은 각각 크기도 다르고, 또 上昇性도 가지고 있다. 非靈魂은 運動의 條件(dharma), 靜止의 조건(adharma), 虛空(ākāsya), 物質(pudgala)의 넷으로 構成되어 있다.

이 넷은 앞의 靈魂과 함께 實在體(astikāya)라고 생각되었다(後世에 이르면 여기에 時間(kāla)까지를 合하여 六要素를 實體라고 說明하기도 했다). 이와 같은 五實體는 모두 虛空 속에서 存在하면서 많은 物體를 構成하게 되는 것이다.

인간의 경우, 身體의 活動은 身·口·意의 三業으로 나타나진다. 그런데 이러한 行爲가 微細한 物質처럼 우리의 靈魂을 감싼다. 다시 말해서 身·口·意의 三業 때문에 지바는 繫縛(bandha)되고 마는 것이다. 따라서 영혼은 輪廻할 수밖에 없다. 영혼은 四迷界라고 불리는 地獄·畜生·人間·天上을 輪廻하면서 苦痛을 받는다.

④ 涅槃 業에 의해 束縛받고 있는 비참한 상태를 벗어나 永遠히 寂靜한 狀態에 도달하는 것이 解脫이다. 解脫은 생기지 않게끔 되는 것, 止滅이다. 다시 말해서 微細한 物質이 靈魂을 결박치 않게 하는 것이다.

해탈을 얻기 위해서는, 첫째, 苦行에 의거해야 한다. 苦行은 業身을 없애며, 새로운 業의 流入(āsrāva)을 막는다. 그렇게 함으로써 영혼의 本性을 發現시킨다. 이러한 修行을 삼바라(Saṃvara, 制御)라고 부른다. 이러한 苦行은 世俗的 在家의 生活에서는 不可能하기 때문에 一切의 欲望을 버리고 홀로 遍歷하는 出家修行의 方法이 권장되었다.

둘째, 戒律을 엄격히 지켜야 한다. 不殺生・眞實語・不盜・不婬・無所有의 五大戒는 엄격히 遵守되었다. 특히 不殺生戒는 가장 重要視되었고, 生命을 傷하게 하는 것은 가장 큰 罪惡으로 생각되었다. 修行人은 또한 無所有의 戒律을 철저히 施行해야 한다. 支那敎의 修行者들이 裸衣行者(Digambara), 白衣派(Śvetāmbara)라고 불리웠음을 미루어 볼 때, 이러한 계율은 엄격히 지켜졌다고 생각된다. 苦行 중에서 가장 높은 경지는 斷食인데, 斷食에 의해서 죽는 것을 가장 榮光스럽게 생각할 정도였다. 그러나 이러한 方法에 의해 얻는 解脫은 순전히 自力에 의한 것일 뿐, 餘他의 救世主는 없다.

셋째, 完全한 涅槃(無餘依涅槃)은 身體가 滅한 뒤, 즉 죽어서야 可能하다. 몸이 죽으므로 지바는 본래의 가진 바 힘인 上昇性을 發揮하여, 이 世界를 벗어날 수 있으며, 아울러 絶對安樂의 境地를 얻을 수 있기 때문이다.

在家信徒들의 경우는 不殺生戒만이 지켜지도록 要求되었는데, 따라서 信徒들은 殺生의 위협이 따르는 農業보다는 商業을 즐겨 택하게 되었다. 주로 金貸業이나 販賣業에 종사하면서, 근면과 정직으로 信用을 얻었던 支那敎徒들은 막대한 富를 享有하였다. 19세기까지만 해도, 支那敎徒들의 敎勢는 全人口의 0.5%에 불과하면서도 印度 民族資本의 過半數를 차지하는 큰 영향력을 미쳤었다. 支那敎는 宗敎와 資本主義와의 관계에 問題를 提起해 준 印度 最初의 宗敎였다.

제5장 原始佛敎時代

(1) 고오타마 붓다의 生涯

1) 釋迦族과 카필라城

佛敎의 敎祖 고오타마 붓다(Gautama, 혹은 Gotama Buddha, 瞿曇)는 强力한 專制政治를 행하던 마가다(Magadha)國의 변방 카필라(Kapila)城의 太子로 태어났다. 당시 印度의 일반 정세는 강력한 專制政治의 都市國家가 그 勢力을 확대하고 있었다. 마가다國 이외에도 코오살라(Kosala), 아반티(Avanti) 등은 代表的인 專制 都市王國이었다.

카필라城을 統治하였던 種族은 샤아카 族(Śakya, 釋迦)이었고, 그들은 코오살라의 보호를 받고 있었다. 그곳은 히말라야의 남쪽 기슭으로서 河川이 맑고 土地가 肥沃하여 예부터 牧畜과 農業의 터전이 되었던 곳이다. 釋迦族의 家門을 고오타마라고 불렀는데 그것은 소를 의미하는 고오(Go 또는 Gau)라는 낱말에 타마(tama)라는 最上級 形容詞를 붙여서 <가장 훌륭한 소>, 또는 <소를 가장 重要히 여기는 者>의 뜻이 있다. 이것도 역시 釋迦族의 生活과 소를 崇拜하는 習俗에서 由來한 것이라고 짐작된다.

고오타마 붓다가 태어난 곳은 釋迦族의 首都 카필라였고, 그곳은 슈라아바스티(Śrāvasti, 舍衛國)의 東南, 지금의 네팔地方 타라이라고 推定되고 있다. 釋迦族의 나라는 全人口가 백만 정도의 小國家였다.

이 種族의 일파는 로히니 江을 사이에 두고 다른 集團을 이루고 있었는데, 그 이름을 콜리아(拘利)族이라고 했다. 이 두 種族은 아주 親密한 關係를 維持하고 있었다.

釋迦族의 政治體制는 中央集權的 統治方式이 아니라, 貴族的 共和 政體 즉, 소수의 支配 계급의 合議에 의하여 統治되고 있었다. 그러나 당시의 印度 政勢는 大專制 王國들이 群小國家를 점차 征服하고 있었고, 이러한 戰火의 소용돌이 속에서 釋迦族이 生存할 수 있었던 것은 마가다國과의 親分관계 때문이었다. 이를테면 釋迦族은 마가다國의 外護를 받고 있던, 코오살라國의 保護領이었던 것이다. 釋迦族이 살던 땅은 肥沃한 곳이었던 것 같다. 後代 中國의 求法僧 玄奘이 이곳을 訪問했는데 그는 <大唐西域記>에서 이렇게 그 印象을 記錄하고 있다.

土地는 肥沃한 편이고, 農事를 짓되 적당한 時期에 播種을 한다. 四季의 運行은 규칙적이며, 住民의 風俗은 和暢하다.

이 地方에서는 지금도 農事를 짓고 있다. 붓다의 아버지는 슛도다아나(Śuddhodāna)왕인데, 그것은 <깨끗한 쌀>이라는 의미이다. 따라서 이미 이 당시에도 釋迦族은 農耕에 從事하고 있었던 것이 아닌가 짐작된다. 슛도다아나(淨飯王) 왕은 오래도록 後孫이 없다가 40이 넘어서야 겨우 아들을 얻었다. 그 분이 붓다였고, 당시의 弱小國家였던 釋迦族으로서는 擧國的으로 붓다의 出世에 많은 希望을 걸었던 것이다. 붓다의 어머니는 摩耶(Māya)王妃였다. 부처님의 正確한 出生年代는 밝혀지지 않고 있으나 대략 다음과 같은 세 가지 設이 있다.

첫째, 紀元 前 565年 탄생說이 있는데, 이것은 佛誕後代 佛敎君主였던 아쇼카王이 卽位하기 前 200年이라고 보는 說로서, 이에 의하면 佛滅 年代는 紀元前 486年이 되는 셈이다.

둘째, 紀元前 484年說인데, 이것은 佛誕日이 아쇼카王 卽位 百年前이라고 보는 說로서, 이에 의하면 佛滅 年代는 기원전 368년이 된다.

셋째, 東南 아시아에서 지키는 說로서 佛誕을 기원전 624年, 入滅

을 543年으로 보는 說이다.

이 세 說 이외에도 다른 說들이 많고, 또 각각 근거하는 바가 있다. 이렇게 佛誕 年代에 혼란이 있게 된 것은 文字나 記錄을 남기지 않았던 印度人의 冥想的 氣質, 그리고 後代 中國에 佛敎가 전해지면서 儒敎·道敎 등과 함께 서로의 優劣을 따지면서 그릇 敎祖의 生滅年代를 造作함으로써 생겨진 結果일 것이다. 그런데 諸說은 모두 佛陀의 80年 生存銳에는 一致하고 있다. 筆者로서는 『島史』, 『善見律』 등의 文獻에 의한 제일 첫 번째 설(說), 즉 B. C. 565~486年說이 妥當하지 않은가 생각하고 있다.

2) 룸비니이 公園

붓다가 탄생한 곳은 룸비니이(Lumbini)公園이었다. 그곳은 現在의 네팔國境 부근이다. 태자의 어머니 摩耶부인은 당시의 習俗을 따라 친정인 코올리城으로 가던 도중 룸비니의 無憂樹가에서 훗날 大覺을 이룬 고오타마 붓다를 낳았던 것이다. 그러나 摩耶부인은 太子를 낳은 지 이레 만에 세상을 떠났다. 이후 太子는 이모인 마하프라쟈아팟티(Mahāprajāpati)에 의해 양육되었다. 그녀는 淨飯王의 後妻였고, 나중에는 佛敎敎團에 歸依한 최초의 比丘尼가 되었다.

父王은 太子에게 싯다아르타(Siddhāratha)라는 이름을 지어 주었다. 그것은 <모든 것을 成就한>, <美德을 갖춘>이라는 뜻이다. 고오타마 싯다아르타는 어렸을 때부터 王孫으로서 必要한 모든 學問과 技藝를 연마하였다. 베다를 비롯해서 史傳·文法學 등의 學問뿐 아니라 武術을 배우고 닦았다.

그러나 太子는 非凡한 素質을 가졌으면서도 늘 世俗的인 幸福에 滿足을 얻지 못하였다. 太子는 人生의 無常을 느꼈고, 드디어는 出家를 決心하였다. 四門 遊觀相이라고 묘사되는 老·病·死·沙門과의 만남은 바로, 이러한 狀況을 劇化시킨 傳說이라고 볼 수 있다. 그것은 물론 어머니를 잃은 슬픔에도 연유하는 것이겠지만, 아무튼 靑年期의 싯다아르타는 상당히 哲學的 關心을 가진 젊은이였던 것 같다. 『聖求經』에는 太子의 심정을 이렇게 묘사하고 있다.

인간이 산다는 것은 결국 求하는 것 이외에는 아무것도 아니지만 그 求하는 데에 착하게 구하는 것과 악하게 구하는 것이 있다. 무엇이 악하게 구하는 것일까. 자기 스스로 태어나게끔 된 存在이면서 남이 태어나는 것을 바라며 스스로 늙고 병들게 된 존재이면서 남이 늙고 병드는 것을 바라는 것이다. 자기 스스로 죽어가고 있는 존재이면서, 슬픔에 잠겨 있는 존재, 더러움에 물든 존재이면서 자기와 같이 병든 자, 죽어가는 자, 슬픔에 잠겨 있는 자, 더러움에 물든 자를 찾아 헤매이는 것이다. 妻子나 심부름꾼이나 金銀 財物 등은 모두 이와 같이 생겨나고 늙고, 앓고, 사라지며, 슬픔에 잠기며, 더러움에 물드는 것이다. 사람들은 이와 같이 스스로 滅亡해 가는 存在이면서 그것들이 멸망해 가는 것을 찾아 헤매이며, 執着하고 迷惑되어 있는 것이다.

이와 반대로 착하게 구하는 것이란 자기 스스로 태어나는 存在이면서 늙어가는 자, 앓는 자, 죽어가는 자, 슬픔에 잠기는 자, 더러움에 물드는 자이면서 生・老・病・死나 슬픔이나 더러움을 떠나지 못하고, 멸망해 가는 자의 禍를 보고 生・老・病・死를 모르며 슬퍼하지 않고 더러움에 물들지 않는 法, 無上安穩의 涅槃을 求하는 것이다.

생각해 보면 자기도 착하게 구하는 일을 하지 않는 사람 중의 하나이다. 이 얼마나 어리석은 일인가, 이제부터는 죽음과 슬픔과 더러움을 떠난 것을 求하지 않으면 안되겠다.

3) 結婚과 出家

싯다아르타 太子가 結婚한 것은 16세 때의 일이었다. 太子妃는 야쇼오다라(耶輸陀羅, Yashōdara)였고, 이듬해에는 라아훌라(羅睺羅, Rāhula)라는 아들을 얻었다. 싯다아르타가 아들을 얻었다는 소식을 듣자 「아! 障碍로구나, 繫縛이 생겼구나」라는 말을 하였다고 해서,

그때부터 <障碍>라는 뜻을 가진 라아훌라가 이름이 되었다고 한다.

그러나 이 障碍라는 의미는 太子의 出家를 재촉하는 因緣이 되었다고도 볼 수 있다. 印度의 習俗으로는 代를 이을 아들이 없다는 것은 家門의 크나큰 不幸이었기 때문이다. 따라서 家系의 斷絶은 宗敎的으로도 罪惡이었는데, 싯다아르타는 이제 그를 둘러싼 世俗的 業을 떠나는 絶好의 機會가 마련된 것이다.

太子는 드디어 出家를 決心하였다. 사랑하는 太妃와 갓난 아들에게 無言의 作別을 하고 아누피야아 邑 근처의 아노마아 江 기슭으로 발길을 재촉했다.

『方廣莊嚴經』에는 당시의 狀況을 이렇게 劇化하고 있다.

　　美女가 부르는 노래는 欲望으로 사람들을 매혹한다. 그러나 더러움 없는 사람은 그 소리를 眞理의 말씀으로 듣는다. 거룩한 자여, 苦痛에 잠긴 사람들을 보고 願을 일으켜 行을 거듭할 옛일을 생각하소서.
　　집을 떠날 때는 지금이다. 큰 慈悲로서 三毒의 사람들을 구하라. 그러면 구름이 걷히고 달이 빛나듯 몸의 빛이 四方의 나라들을 비추리라. 三界는 苦惱다. 성난 불과 같이 뜬구름같이 물위의 달 골짜기의 산울림, 幻覺의 물거품과 같더라. 어리석은 자는 젊음을 좋아하지만, 머지않아 늙음과 병과 죽음 때문에 부서진다. 비유컨대 꽃에 뒤덮인 가지가 꽃이 떨어지면 버림받음과 같은 것을……

出家란 당시의 風潮였다. 人生에 대해 진지한 태도로 번민했던 한 젊은이는 이렇게 해서 王位와 功名을 버리고 出家 沙門의 길을 걷게 되었다. 그때 太子의 나이는 29세였다.

4) 修道 苦行

佛傳에 의하면 太子는 出家한 직후, 王舍城으로 갔다고 한다. 이후 太子는 雪山(Himalaya)에서 당시의 이름있는 宗敎家 밑에서 修道

하였다. 아알라(Ālāra), 카아라아마(Kālāma), 웃다카(Uddaka), 라아
마풋타(Rāmaputta) 등은 모두 그가 指導를 받았던 仙人들이었다. 그
러나 그 누구도 태자가 품었던 <죽음과 삶의 問題>에 대해서 明快
한 解答을 주지는 못했다.

그때부터 太子는 苦行을 決心하였다. 出家人들이 苦行을 修道의
方便으로 行하였던 것도 당시의 일반적 경향이었다. 인도인들은 苦
行을 통해 肉身을 학대함으로써 精神이 그 結縛을 벗고 解脫할 수
있다고 믿었던 것이다. 그래서 印度의 宗敎에는 거의 대부분이 苦行
을 修道의 方便으로 삼고 있는 것이다. 예컨대 支那敎徒들은 스스로
<苦行에 의해 惡을 싫어하고 멀리 떠나는 者>라고 말한다. 그들의
制戒에 冷水를 쓰기 않는다는 것이 있다. 그 이유는 그 속에 작은
벌레가 있을 수 있어서 그것을 마심으로써 殺生의 罪를 犯하게 되는
일을 피해야 하기 때문이라고 說明하고 있다. 이와 같이 엄격한 苦
行主義가 당시의 추세였고 보면, 太子의 苦行도 극히 심했을 것이라
고 推定할 수 있다.

그러나 6年의 苦行으로도 太子는 궁극적인 깨달음을 얻지 못했다.
오히려 몸은 너무 쇠약해져서 죽음 직전까지에 이르렀다. 그때 太子
는 態度를 바꿀 것을 決心하였다. 다시 말해서 苦行主義로서는 大覺
을 얻을 수 없다는 것을 깨닫게 되었다. 太子는 쇠약해진 몸의 건강을
찾기 위해서 斷食을 中斷하였고 드디어는 우루베에라의 조그마한 동
네에서 명상에 잠기게 되었다. 고요하게 마음을 가라앉힌 채 정신을
한곳에 집중하였다. 그는 이제 大覺을 얻기까지는 자리에서 일어나지
않겠다는 굳은 결심을 한 채, 이렇게 깊은 명상에 잠겼던 것이다.

5) 成 道

冥想에 잠긴 지 이레째 되던 날, 太子는 드디어 大覺을 얻었다. 무
엇이 存在를 괴롭혀 왔던가, 어떻게 그것은 克服될 수 있는 것인가,

이제까지 품어 왔던 모든 疑惑이 걷히고, 그는 解脫을 얻은 것이다. 그때 태자의 나이는 35세였다. 그때부터 태자는 스스로 붓다(Buddha, 깨달은 者, 佛陀)라고 불렀다. 그것은 宇宙의 根源을 洞察했다는 긍지이며, 萬有의 存在當爲를 獨特한 知見으로 열어 보였다는 自負이기도 하였다. 그는 또한 스스로를 如來(Tathagāta), 世尊(Bhagavat), 牟尼(Muni) 등으로 부르기도 했다. 이것은, <그렇게 오는 자>, <世上에서 가장 尊貴한 분>, <沈默하는 분>의 의미를 지닌 말이다. 이것은 모두 東洋人의 聖者에 관한 思考方式을 보여주는 呼稱들이다. 東洋的 聖賢은 <아는 자>가 아니라 <깨달은 자>이다.

그리고 그 <깨달음>은 絶對的 他者에게서 주어진 것이 아니요, 자기의 內證이다. 聖人은 또한 沈默하는 자이다. 왜냐하면, <깨달음>이란 言說로 說明될 수 없는 것이기 때문이다. 後代 中國 佛敎의 發展에 있어 지대한 影響을 끼쳤던 禪宗에서 默言과 沈默을 重視하는 것도 모두 이와 같은 傳統 때문인 것이다. 붓다도 그 깨달음의 內容을 言語로서 吐露하였다. 그러나 그 集約된 敎說이 곧 眞理는 아니라는 것을 強調하였다. 眞理의 當體를 了知하지 못할 때 佛說方便은 모두 <달 가리키는 손가락>의 役割밖에는 할 수 없는 것이다.

붓다가 大覺을 얻은 후, 처음으로 찾은 곳은 베나레스(Benares)였다. 그곳은 예부터 聖地로 看做되던 곳이며 그래서 <仙人들의 住處>로 불리기도 했던 곳이다. 그곳에서 그는 자기와 修行한 적이 있었던 다섯 比丘를 만났다. 印度의 역사상 처음이자 마지막으로 全人類에게 影響을 끼쳤던 佛敎라는 宗敎는 이렇게 해서 그 첫발을 디뎠다.

6) 初輔法輪과 傳道의 발자취

베나레스에서 다섯 比丘에게 說法한 것을 佛敎에서는 初轉法輪이라고 한다. 法이란 어휘는 다르마(Dharma)의 번역이며, <事物을 움직이는 根源的 힘>, <自然現象의 原理>, <最高의 眞理> 등 多樣한 의미를 내포하고 있는 말이다. 法輪이란 不斷히 움직이는 眞理의 수레바퀴를 상징하여, 처음으로 眞理의 法音을 전한다는 의미에서 佛敎에서는 이 베나레스의 說法을 길이 記念하고 있는 것이다. 이 最初의 說法에는 緣起, 四諦, 八正道, 中道 등 原始佛敎의 根本敎理가 거의 網羅된 것으로 생각된다. 그런데 敎理 內容은 붓다가 言及한 바와 같이 여태까지 아무도 說한 바 없었던 獨自的인 境地라고 보여진다. 먼저 그는 中道를 强調하였다. 향락적 生活이나, 지나친 禁欲主義的 苦行은 둘 다 피해야 할 極端이라는 것이다. 이것은 苦行의 風習에 젖어온 印度的 思考方式으로서는 크나큰 變化를 招來할 宣言이었다. 그 中道의 內容이 바로 八正道이다. 이것은 實踐的 倫理生活의 德目으로서 解脫을 自力으로 成就할 수 있다는 믿음인 것이다.

붓다는 이후 45年 동안 敎化活動을 展開하였다. 그의 敎化의 발자취는 매우 넓어서 印度의 거의 全域에 미쳤다. 갠지스 江을 中心으로 북쪽은 그의 故鄕인 카필라로부터, 南쪽으로는 마가다國의 王舍城에 이르기까지, 安居(Vassa, 雨期 三個月 동안의 安住)를 제외한 全期間에 걸쳐 이루어졌다. 붓다는 相對方의 身分이나, 學識, 職業에 맞도록 說法하였기 때문에 많은 사람들의 共鳴을 일으켰고 급기야는 資産家·王候를 비롯해서 많은 信者들을 얻게 되었다. 晩年에 이르러 붓다는 四寸동생인 데바닷타(Devada-tta)의 모반 사건, 同族인 釋迦族의 滅亡, 上首弟子였던 舍利弗(Śāriputra), 目健連(Maudgalyāyana)의 죽음 등 人間的인 不幸을 맛보기도 했다. 그러나 全體的으로 보아 그의 일생은, 그의 가르침처럼 平和롭고 조용하였다.

7) 入 滅

붓다는 最後의 旅程을 라쟈그리하에서 슈라바스티 方向으로 擇하였다. 도중 그는 쿠쉬나가라(Kushinagara, 혹은 Kushinara)라는 곳에서 弟子들에게 그의 最後의 說法을 남겼다.

너희들은 저마다 자기 자신을 등불로 삼고 자기를 의지하여라. 眞理를 등불로 삼고 진리를 의지하여라. 그리고 너희들은 내 가르침을 中心으로 서로 和合하고 공경하며 다투지 말아라.

나는 몸소 진리를 깨닫고 너희들을 위해 진리를 말하였다. 너희는 이 진리를 지켜 무슨 일에서나 진리대로 行動하여라. 이 가르침대로 행동한다면 설령 내게서 멀리 떨어져 있더라도 그는 항상 내 곁에 있는 것과 같은 것이다.

죽음이란 肉身의 죽음이라는 것을 잊지 말아라. 肉身은 父母에게서 받은 것이므로 늙고 병들어 죽는 것은 어쩔 수 없는 일이다.

如來는 육신이 아니라 깨달음의 智慧이다. 육신은 여기서 죽더라도 깨달음의 지혜는 영원히 진리와 깨달음의 길에서 살아 있을 것이다. 내가 간 후에는 내가 남긴 가르침이 곧 너희들의 스승이 될 것이다.

모든 것은 덧없다. 게으르지 말고 부지런히 精進하여라.

이 마지막 遺訓을 남기고 붓다는 沙羅樹 아래의 숲 속에서 涅槃에 들었다. 어리석은 衆生을 濟度하려는 그의 念願은 後繼者들에 의해 繼承되어 갔다.

훗날 佛教徒들은 붓다의 生涯에 있어서 가장 記念될 만한 곳을 특별히 四聖地라고하여 尊崇하였다. 그것은 태어난 곳 룸비니(Lumbini), 大覺을 얻은 곳 붓다가야(Buddhagaā), 初轉法輪을 편 사르나트(Sarnath), 그리고 涅槃한 곳 쿠쉬나가라(Kushināgara)의 네 곳이었다.

後代 大乘佛教가 興起하면서부터 붓다의 生涯는 衆生을 濟度하기 위한 <一大事方便>으로 보는 경향이 생겨났고, 그러한 견해에 의하면 붓다의 일생은 다음과 같은 여덟 가지 모습으로 나누어 볼 수 있다는 것이다. 韓國에서 通用되는 八相은 다음과 같다.

① 兜率來儀相	⑤ 雪山修道相
② 毘藍降生相	⑥ 樹下降魔相
③ 四門遊觀相	⑦ 鹿園軌法相
④ 逾城出家相	⑧ 雙林涅槃相

(2) 原始佛教의 根本 教理

1) 四法印

法印이란 <변함없는 진리>, <佛教의 證據>라는 뜻이다. 보통 諸行
無常, 諸法無我, 涅槃寂靜을 三法印이라고 하는데, 一切皆苦를 포함시
킬 때는 四法印이라고 한다. 그것은 初轉法輪 때에 說해진 內容이다.

諸行無常

모든 것은 변화하고 轉變한다. 왜냐하면, 因緣에 따라 生滅하기
때문이다. 따라서 諸行은 無常하다. 이것은 우파니샤드에서 强調되었
던 <常住說>을 否定하는 것이다. 그러나 無常하다는 것은 悲觀的인
表現만이 담긴 것은 아니라고 보여진다. 事物의 드러나진 모습에 迷
惑되어 그것이 참인 양 執着하는 것에 대한 경계라고 볼 수 있다.
그것은 實相을 否定하는 것이 아니라 現象의 덧없음을 表現하는 外
的·時間的 表現이다.

諸法無我

事物에는 <나>라고 할 만한 實體가 없다. <나>란 古代 印度思想의 主眼點이었던 아트만을 가리키는 말이다. 왜 無我한가, 因緣이기 때문이다. 모든 것은 다른 것과의 연관 관계에서 存在할 수 있을 뿐이고, 스스로 永遠히 獨立해서 있을 수는 없기 때문이다. 이것은 內的이요, 空間的일 表現이다.

一切皆苦

諸行無常하고 諸法無我한 道理를 모르기 때문에 괴롭다. 無常한 것을 常하다고 생각하고, 無我인데도 我를 고집하기 때문에 슬픔과 悲歎이 있다는 말이다. 그것을 佛敎에서는 <顚倒妄想>이라고 한다. 따라서 無常과 無我를 깨달을 때 苦痛은 消滅된다. 苦痛의 克服은 實相을 파악하는 깨달음의 智慧에 있는 것이다.

涅槃寂靜

사물의 實相이 空함을 깨달을 때 人間은 解脫한다. 寂靜이란 분노의 불꽃을 끈 狀態, 고요한 마음의 平和를 얻은 상태를 말한다. 이글거리는 煩惱의 불꽃이 消滅되면 고요한 寂靜의 境地를 얻는다. 그러나 寂靜은 이와 같이 消極的인 고요함만을 나타내는 것이 아니라, 온갖 시끄러움과 더러움이 그를 이길 수 없다는 적극적인 의미를 내포하고 있다.

2) 四諦 八正道

諦라는 말은 삿트야(Satya), 즉 <온전한 眞理>, <變함 없는 것>을 뜻하는 말이다. 苦諦와 集諦는 現象界의 因果이며, 滅諦와 道諦는 理想界의 因果이다.

苦諦(dukha-satya)

태어나는 것도 괴로움이요(生苦), 늙는 것도 괴로움이며(老苦), 죽는 것도 괴로움이다(死苦). 원한 있는 자와 만나지 않으면 안되는 것도 괴로움이요(怨憎會苦), 사랑하는 사람과 헤어지지 않으면 안되는 것도 괴로움이다(愛別離苦). 求하나 얻어지지 않는 것도 괴로움이니(求不得苦). 요컨대 煩惱의 수풀 위에 뿌리박고 있는 이 몸이 存在하는 것이 괴로움이다(五陰盛苦).

이것을 八苦라고 한다. 괴로울 수밖에 없는 人間實存은 다름 아닌 欲望에서 비롯된다. 따라서 이 苦에 관한 眞理는 現實的으로 우리에게 엄습하는 結果이며, 그 原因이 바로 集諦인 것이다.

集諦(Samudaya-Satya)

現在의 괴로움이 있게 된 原因이다. 貪欲·瞋恚·愚癡는 바로 人間의 그릇된 세 가지 마음, 三毒心을 말한다. 그것 때문에 괴로움이 있게 된다. 그중에서도 根本이 되는 것은 愚癡 즉 無明이다. 이 根本的인 어리석음 때문에 남의 것을 탐하고, 시기하고, 질투하고, 분노하는 그릇된 樣相이 나타난다. 經典에서는 三毒心을 渴愛라는 말로 表現하고 있다. 이글거리는 煩惱의 불꽃에 繫縛된 狀態가 곧 凡夫이며, 그것은 다만 滅諦와 道諦의 因果로서만 解決될 수 있는 것이다.

滅諦(Nirodha-Satya)

三毒의 불꽃을 끈 狀態를 涅槃이라고 했다. 涅槃은 니르바아나(Nirvāṇa)의 音譯으로서 <止滅한다>, <斷絶한다>라는 의미를 가진 말이다. 煩惱를 가라앉혔다는 表現이다. 아울러 다시는 그것이 일어나지 않도록 되었다는 말이다. 따라서 이것은 未來의 結果이다. 後代 大乘佛敎에서 言及되는 涅槃의 四德, 즉 常·樂·我·淨과 같은 생각이 이 당시에도 있었던 것일지는 의심스러운 바가 있다. 즉 적극적인 의미로서의 涅槃이 아니라 그릇된 것을 끊고, 착한 것을 갖추었다는 소극적인 의미로 쓰여진 것 같다.

道諦(Mārga-Satya)

解脫을 얻기 위해서는 여덟 가지의 바른 길, 八正道를 行해야 한다. 올바른 見解(正見), 올바른 思惟(正思), 올바른 말(正語), 올바른 業(正業), 올바른 직업(正命), 올바른 努力(正精進), 올바른 기억(正念), 올바른 명상(正定)의 여덟 가지 길은 다시 셋으로 要約될 수 있다. 즉 正見·正思는 慧로, 正語·正業·正命은 戒로, 正精進·正念·正定은 定으로 줄일 수 있다. 따라서 八正道의 根幹은 戒·定·慧이며, 이것을 특별히 三學이라고 한다. 三學은 佛敎에서 強調하는 實踐倫理의 德目으로서 이후 모든 敎理의 根本을 이루게 되었다. (四諦 八正道의 展開를 圖表로 표기해 보면 다음 표와 같다.)

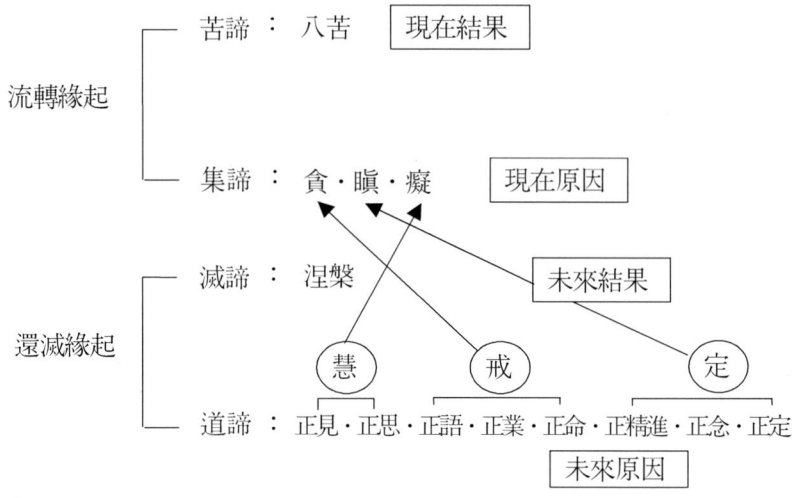

이 三學은 물론 서로 깊은 연관 관계를 갖고 있는 것이다. 戒란 하지 말아야 할 禁戒를 가리킨다. 定이란 마음의 淨化를 위한 準備作業, 三昧(Samādhi)의 修練을 말한다. 慧란 정신 훈련을 통해 얻는 最高의 心的 境地를 가리킨다. 따라서 이 셋을 具足해서 精進하는 것이 가장 바람직한 일이다. 後世 佛敎學者들은 그 중에서도 慧를 가장 重要視하였다. 그것은 事物의 實相을 파악하고, 實修를 행할 수 있는 根幹으로서의 깨달음이었기 때문이다. 즈냐(jña 앎), 비즈냐(Vijñā, 分別智)를 모두 分別見이라고 하여 對象에 대해 執着을 誘發하는 妄見이라고 보았으나, 佛敎에서는 프라즈냐(Prajña, 般若 絶對完全의 깨달음)를 重視하여 大覺을 얻는 기틀이라고 보았다. 後代大乘佛敎가 興起하면서 龍樹를 中心으로 한 中觀學派는 般若空에 관한 大宗을 세우기도 하였다.

3) 緣　起

緣起란 世間의 流轉樣相을 圖式으로 表現한 것으로서, 原始佛敎

敎理뿐아니라 佛敎 敎理의 核心을 이루는 部分이다. 붓다의 大覺의
內容도 이것으로서 表現되었고, 華嚴의 六相方便 등 發達된 大乘佛
敎 理論도 모두 緣起의 敎理에 바탕을 두고 있는 것이다.

緣起의 原語는 프라티이트야 삼웃트파아다(Pratītya samutpāda)인
데 Pra(接頭語), iti(……에 대하여, ……과 더불어), itya(iti+ya, ……
라는 狀態에서), Sam(함께, 더불어), utpad(생기는 것이라는 說)의
複合語이다. 즉 <~에 대하여라는 관계에서 ~과 더불어 생기는 것>
이라는 의미이다. 즉 모든 것은 다른 것과의 관계 속에서 生滅된다
는 敎說로서, 줄여서 말하면 原因과 結果 즉, 因緣으로 要約될 수
있는 것이다.

어떠한 事物이든지 저 혼자 永遠히 存在할 수는 없다는 것이 緣起
의 가르침이다. 이것을 說明하는 譬喩로서 갈대 묶음의 비유라는 것
이 있다.

  <이것>이 있을 때 <저것>이 있고, <이것>이 일어날 때, <저것>이
일어난다.
  <이것>이 없으면 <저것>이 없고, <이것>이 일어나지 않을 때, <저
것>이 일어나지 않는다.
  Imasmiṃ sati idaṃ hoti, imass uppādā idaṃ uppajjati
  Imasmiṃ asati idaṃ na hoti imassa nirodhā idaṃ nirujjhati
                                    (Samyutta Nikāya. Ⅱ. p.65)

事物은 原因과 結果로 얽혀진 것이다. 獨自的인 것이 없기 때문에
無我이다. 無我이기 때문에 空이고, 空이기 때문에 無自性이다. 無自
性이기 때문에 中道일 수밖에 없다.

  緣起를 보는 者는 眞理(法)를 보고, 眞理를 보는 者는 緣起를 본다.
  Ya paṭiccasamuppādaṃ passati so dhammaṃ passati,

Yo dhammaṃ passaṭi so paticcasamuppādam passati
(Majjih. i, p.191)

人間의 存在樣相도 마찬가지이다. 이것은 佛教的 倫理觀의 根據가
되는 教說이다. 人間存在의 流轉緣起를 說明하는 것으로서 十二緣起,
즉 열두 가지의 樣相이 있다고 하였다. 그것을 十二因緣이라고 한다.

① 無明(Avidya): 根本的인 어리석음
② 行(Saṃskara): 意志, 충동적인 業, 潛在的 意志力
③ 識(Vijñāna): 心作用을 統一하는 機能分別心
④ 名色(Nāmarūpa): 認識의 對象
⑤ 六入(Sadāyatana): 眼·耳·鼻·舌·身·意, 여섯 가지 器官
⑥ 觸(Sparśa): 接觸
⑦ 受(Vedāna): 感受作用
⑧ 愛(Tṛṣna): 愛執·渴望
⑨ 取(Upādāna): 執着
⑩ 有(Bhava): 個體, 輪廻의 生存
⑪ 生(Jāti): 限界狀況的 實存
⑫ 老死(Jarā-marana): 苦惱, 죽음

이 열두 가지의 現象(十二支) 사이의 因果는 無明에서 始作해서
老死까지로 이어지는 것은 順觀因緣 또는 滅觀이라고 보고, 거꾸로
거슬러 올라가는 것, 즉 老死에서 無明으로 보는 것을 逆觀 또는 增
觀이라고 한다. 그것은 고통스러운 現實의 因果關係를 說明함과 동
시에 그것을 극복하는 길을 提示해 주고 있는 것이다.

슬픔과 苦痛에 가득 찬 老死는 무엇을 因緣으로 하여 생기는 것일까?
그것은 生이 있기 때문이다.
生은 무엇을 因緣으로 하여 생기는가

有가 있기 때문이다.
有는 무엇을 因緣으로 하여 생기는가
取가 있기 때문이다.
取는 무엇을 因緣으로 하여 생기는가
愛가 있기 때문이다.
愛는 무엇을 因緣으로 하여 생기는가
受가 있기 때문이다.
受는 무엇을 因緣으로 하여 생기는가
觸이 있기 때문이다.
觸은 무엇을 因緣으로 하여 생기는가
六入(六處)이 있기 때문이다.
六入은 무엇을 인연으로 하여 생기는가
名色이 있기 때문이다.
名色은 무엇을 因緣으로 하여 생기는가
識이 있기 때문이다.
識은 무엇을 인연으로 하여 생기는가
行이 있기 때문이다.
行은 무엇을 인연으로 하여 생기는가
無明이 있기 때문이다.

無明이 있기 때문에 行이 있고,
行이 있기 때문에 識이 있고,
識이 있기 때문에 名色이 있다.
名色이 있기 때문에 觸이 있고,
觸이 있기 때문에 受가 있고,
受가 있기 때문에 愛가 있다.
愛가 있기 때문에 取가 있고,
取가 있기 때문에 有가 있고,
有가 있기 때문에 生이 있고,
生이 있기 때문에 老死와 죽음과 슬픔과 苦惱가 있다.

따라서 逆觀으로 型式化 시킨다면 人間의 苦惱를 없애기 위해서는 無明을 끊어야 된다. 이것은 迷惑과 汚辱의 歷史에 대한 說明(順觀)일 뿐 아니라, 동시에 覺悟와 純淨의 歷史에 對한 說明(逆觀)이기도 하다. 다시 말하면, 現象世界가 生起하는 原因과 그 變遷 과정의 究明이고, 깨달은 분의 眼目에 의해서 觀照된 諸現象의 實相이기도 한 것이다.

(3) 佛敎의 初期敎團

原始佛敎의 敎團은 네 종류의 그룹(四衆)으로 形成되었고, 그것을 상가(Saṁgha)라고 한다. 그것은 원래 <共和政體>, <經濟的 組合>을 意味하는 말이었는데 <和合하는 集團>이라는 뜻을 가지게 되었다. 四衆(혹은 四部衆)이란

① 比丘(bhikṣu): 出家男子 修行僧
② 比丘尼(bhikṣunī): 出家女子 修行僧
③ 優婆塞(Upāsakā): 在家男子 信徒
④ 優婆夷(Upāsakā): 在家女子 信徒

를 말한다. 그러나 特殊한 경우에 여기서 다시 未成年者의 그룹까지를 包含시켜 七衆이라고 하기도 한다.

⑤ 沙彌(Śramanera): 二十才 미만의 男
⑥ 沙彌尼(Śramaneri): 出家僧 二十才 미만의 女子
⑦ 式叉摩那(Śikṣamanā): 比丘尼의 具足戒를 받기 직전의 女子 出家僧

敎團에 속하는 사람은 누구나 佛法僧 三寶에 歸依할 것이 要求되었다.

이 중에서 敎團의 中心을 構成하는 것은 比丘와 比丘尼, 그 중에서도 특히 比丘衆이었다. 佛典에 의하면 女人의 出家가 許諾된 것은 상당히 後代 즉, 붓다의 晩年 때의 일인 것 같다. 붓다를 양육하였던 마하프라쟈아팟티가 尼僧의 효시였지만, 女人의 出家가 허락된 것은 붓다의 十大弟子 중 阿難의 役割이 컸던 것 같다. 阿難을 사모하던 女人이 出家하기를 간청했지만 붓다는 여러 번 거절했었다. 그리고 이모의 出家를 허락하고서도 比丘尼에게는 比丘보다 훨씬 엄격한 規律을 지키도록 하였던 것이다. 佛滅後 匕葉窟에서 迦葉을 上首로 하여 長老會議가 열렸을 때, 阿難은 그 자리에 參席할 資格을 박탈당하였었다. 그때 長老會議에서 阿難을 參席시키지 않은 理由의 하나가, 부처님께 간청하여 女人의 出家를 허락시킴으로써 正法이 머무는 기간을 500年 단축시켰다는 조항이 있다. 이것은 比丘尼가 原始敎團에서 별로 큰 역할을 담당할 수 없었다는 반증이 되는 것이다.

이러한 出家僧 위주의 僧團體制는 部派小乘時代를 거칠 때까지 繼續되었는데 後期 大乘運動이 興起하면서부터 이러한 出家 沙門들의 <獨聖>이 공격의 대상이 되기도 하였다.

당시 사회상에 비추어볼 때 出家란 하나의 慣習이었고, 出家修道人들을 印度人들은 슈라마아나(Śramāna, 沙門)라고 불렀다. 그 말은 <부지런히 努力하는 사람>이란 뜻을 가진 것으로서 印度正統派의 修行者인 婆羅門(Brāhmaṇa)에 대해서 非正統的인 諸宗敎의 修行者를 포괄적으로 부르는 말이었다.

따라서 佛敎에 比丘衆·比丘尼衆도 廣義로는 沙門에 포함될 수 있는 것이다. 그들은 在家의 愛欲生活을 떠나서 出家하여 獨身으로 乞食하며 사는 것을 理想으로 삼는다. 托鉢로 목숨을 維持하고 늘 三衣와 鉢盂 외에는 아무것도 지니거나 저축하지 못하도록 하였었다. 그것은 敎祖 자신이 지킨 不問律이었다. 다른 修行僧들과 마찬가지로 庵子나 큰 나무 아래서 坐禪하고 산 속 동굴에 머물면서 精舍를

지어 集團生活을 하기도 한다. 集團生活은 자연히 規律을 必要로 한
다. 특히 印度의 南方的 氣候特性 때문에 雨期에는 外出을 할 수가
없었다. 이 期間을 安居라고 하고, 出家 沙門들은 한곳에 모여 共同
生活을 營爲하게 되었다. 出家僧들에게는 基本的인 五戒로서,

① 不殺生: 산 목숨을 죽이지 말 것.
② 不偸盜: 도둑질하지 말 것.
③ 不淫: 淫行하지 말 것.
④ 不妄語: 망령된 말을 하지 말 것.
⑤ 不飮酒: 술 마시지 말 것.

등이 要求되었고, 在家信徒들에게는 不淫이 不邪淫(부부 관계 이외
에는 淫行하지 말 것)으로 바뀔 뿐 同一한 五戒를 지켜야 했다. 四
十八輕戒·比丘 二百五十戒·比丘尼 三百四十七戒 등은 모두 佛滅後
制定된 것들이다. 붓다가 生存해 있었을 當時에는 戒律의 制定이 必
要 없었고, 그때그때의 경우에 따라 알맞게 定해졌지만, 佛滅後에는
그것을 다시 制定할 必要가 있었기 때문에 重罪 輕戒 등의 戒律이
생기게 되었던 것이다. 가장 重罪는 婆羅夷(Parajika)로서 敎團追放
이었다.

① 自讚毁他
② 慳惜財法
③ 嗔不受悔
④ 謗亂正法

일찍부터 붓다와 그의 弟子들은 宗派的인 파벌 의식을 떠나 法의
普遍性을 널리 표방하고 敎化에 힘썼으며, 이러한 붓다와 弟子들의
努力에 의해 佛敎의 初期敎團은 상당한 勢力을 지니게 되었다. 佛敎
敎團의 戒成과 發展에 있어서 크게 影響力을 미친 사람들로는 특히

붓다의 十大弟子가 있었다.

① 舍利弗(Śāripūtra): 智慧 第一
② 目犍連(Maudgalyāyana): 神通 第一
③ 大迦葉(Mahākasyapa): 頭陀 第一
④ 阿那樓馱(Aniruddha): 千眼 第一
⑤ 須菩提(Subhūti): 解空 第一
⑥ 富樓邦(Pūrna): 說法 第一
⑦ 迦旃延(Kātyāyana): 論議 第一
⑧ 優婆離(Upāli): 持戒 第一
⑨ 羅睺羅(Rāhula): 密行 第一
⑩ 阿難(Ānanda): 多聞 第一

　舍利弗과 目連은 敎團의 信任을 받던 大德들이었으나, 붓다보다
일찍 세상을 떠났기 때문에 자연히 敎團의 統率 책임은 第三弟子였
던 摩訶迦葉에로 넘겨졌다. 經典을 편찬할 때에는 특히 優婆離와 阿
難의 공적이 많았다. 優婆離는 주로 律藏을, 그리고 阿難은 經藏을
편찬하는 데 주요한 役割을 하였다.
　佛敎敎團이 共同財産을 갖게 된 것은 이미 붓다 당시의 일이었다.
즉 安居를 지낼 만한 場所를 喜捨하는 信徒들이 생기게 됨에 따라,
자연 佛敎敎團은 莊園과 精舍 등을 所有하게 되었다. 수닷타
(Sudatta, 給孤獨)長者가 喜捨한 祇園精舍 외에도 竹林精舍 등이 세
워졌고, 그것이 오늘날 보는 바와 같은 寺刹 규모로 發展되어 갔다.
　이곳들은 주로 宗敎的인 集會나 佛敎 儀式의 場所로 使用되었다. 그
당시의 重要한 儀式으로는 布薩(Uposatha), 自恣(Parava), 迦絺那
(Kaṭhiṇa) 등이 있었다. 僧院은 보통 精舍(Vihara), 平覆屋(Aḍḍha-
yoga), 殿樓(Pāsāda), 樓房(Hammiya), 窟院(Guhā) 등의 다섯으로 나
뉘었다. 精舍는 夏安居에만 쓰여졌던 共同生活의 場所였던 것이 後에

는 大建築群 組織化된 僧院의 의미로 쓰여졌다. 窟院은 自然洞窟이나 혹은 인공적인 石窟로서 은밀히 禪定을 닦는 場所로 活用되었다. 地理的 條件 때문에 北方의 平原에는 주로 精舍의 建立이 많았고, 南方의 高原地帶에는 주로 窟院의 建立이 많았다.

(4) 經典의 結集과 敎團의 分裂

佛滅後 佛敎의 敎團은 長老 摩訶迦葉 등이 中心이 되어 붓다가 가르친 眞理를 傳播하기 위해 努力하였다. 특히 長老들은 부처님의 敎法을 後世에 傳受할 必要를 느꼈다. 그때까지만 해도 반세기에 가깝도록 여러 곳에서 여러 階層의 사람들을 對象으로 說法敎化한 붓다의 가르침은 弟子들이나 信徒들의 暗記와 口誦에 의하여 傳受되고 있었다. 文字가 없었던 것은 아니지만 宗敎의 深奧한 眞理는 文字보다는 口誦으로 스승과 弟子 사이에 은밀히 傳受되는 것이 印度의 傳統的 慣習이었다. 그러나 口誦도 多數가 모여 合誦되고, 또 正確히 口傳되기 위해서는 일정한 形式으로 定型化할 心要가 생기게 된다. 여기서 여러 사람의 合誦(Saṃgīti)을 한곳에서 편수하는 結集이 열리게 되었다.

1) 第一結集

王舍城結集 또는 五百結集이라고도 한다. 佛滅直後, 摩訶迦葉을 上首로 하여 五百長老들이 王舍城 七葉窟에서 集會를 열고 經과 律을 편집하였다. 이것이 大藏經(Tripiṭaka)의 효시이다. 大藏經은 <세 개의 광주리>를 뜻한다. 즉 貝葉이라고 해서 나뭇잎에 글자를 새겨서 광주리에 담았던 傳統에서 由來하는 말이다. 세 개의 광주리는 三藏을 말한다.

經(Sūtra): 부처님의 言行을 集成
律(Vinaya): 佛敎徒들이 지켜야 할 戒律
論(Śāstra): 經과 律에 대한 註釋書

따라서 經과 律에 대한 最初의 集成이 이때에 이루어진 셈이다. 論이 大藏經 안에 포함된 것은 紀元 以後의 일로 생각된다. 이때 편집된 經은 阿難에 의해서 그리고 律은 優婆離의 暗誦에 의해서 이루어졌다. 그러나 學者들 간에는 이 第一結集이 歷史的으로 보아 도저히 이루어질 수 없는 일이라고 보기도 한다.

2) 第二結集

第一結集이 있은 지 약 百年後, 갠지스江 북쪽에 位置한 베살리 (Vesāli)에서 밧지(Vajji puttaka) 族 出身 比丘들이 十事를 主張하였다. 그것은 주로 戒律에 관한 問題들이었다. 소금을 備蓄한다든지, 都市經濟의 發達에 따라 必然的으로 대두하게 된 貨幣의 所持問題 등이 주로 擧論되었다. 그것은 世態가 변했기 때문에 戒律의 問題에 있어서 多少間의 修定이 不可避하다고 느꼈기 때문에 빚어진 結果였다. 특히 貨幣所持의 問題에 있어서 밧지 族 比丘들은 당시의 傳統 保守派였던 長老派에 대해 正面으로 충돌을 일으켰다.

그리하여 長老派 比丘 七百餘名은 第二結集을 召集하였다. 이때의 結集을 七百結集이라고도 한다. 長老들은 十事를 檢討한 結果, 그것이 非法임을 正式으로 宣言하였다. 이 長老系의 保守派를 上座部라 하고, 여기 對抗하여 進步的 경향을 보인 分派들을 大衆部라 불렀다. 上座部와 大衆部의 根本的 分裂은 그 후 二十餘 分派를 낳았고, 그 時期를 部派 佛敎時代라고 부른다.

(5) 붓다 出現의 思想史的 意義

1) 實踐的 倫理로서의 中道

붓다 敎說 중에 核心을 이루는 實踐德目으로서 中道가 있다. 물론
그것은 緣起라는 敎理的 背景이 있기 때문에 可能한 實踐倫理이다.
中道란 두 가지 極端을 피한다는 의미이다.

> 比丘들아, 여기에 出家者로서 피하지 않으면 안되는 두 가지 극단의
> 길이 있다. 첫째는 야비한 欲心에 耽溺하는 어리석고 利益없는 享樂의
> 生活이요, 둘째는 헛되이 몸을 괴롭히며 학대하는 어리석은 苦行의 生
> 活이다. 이 두 가지 극단의 生活을 떠나서 여기에 如來에 의해서 證悟
> 된 마음의 눈을 열고 지혜를 增進시켜서 寂靜과 聖智와 正覺과 涅槃으
> 로 이끄는 中道의 길이 있다. 比丘들아 中道란 무엇인가. 그것은 正
> 見・正思・正語・正業・正命・正精進 ・正念・正定의 여덟 가지 바른
> 길(八正道)이다.

이것은 당시의 風潮였던 苦行主義的 修道集團이나, 享樂的 快樂主
義를 둘 다 배격하는 새로운 가르침이었다. 그것은 물론 붓다 자신의
體驗을 바탕으로 形成된 것인데, 이후 大乘運動에 있어서도 가장 重要
視여겼던 것은 바로 中道의 理念이었다. 出家者의 피해야 할 극단이
苦行과 享樂이라면, 在俗者의 두 극단은 貧窮과 富裕의 두 길이었다.
당시의 印度社會를 지배하던 思潮는 轉變說과 積聚說이었다. 印度
人들이 問題삼았던 것은 世界의 根源에 관한 問題, 예컨대 世界는
有限한가, 無限한가라든지 人間의 本質에 관한 문제들, 業에 의해 人
間의 來生이 決定되는가 하는 따위의 形而上學的 關心이 대부분이었
다. 그래서 一에서 多가 生成되었다고 보는 正統 브라흐마니즘의 立
場에서 說明하는 轉變說 그리고 一般思想界에서 主張하던 多에서 多
가 생긴다는 積聚說이 主流를 이루고 있었다. 그런데 붓다는 因緣說
을 提唱하였다. 一에서 多가 되는 것, 多에서 多가 生成되는 것도

否定하였다. 모든 것은 因緣의 所産이라고 보았다. 따라서 中道를 提唱하였고, 그것은 어느 편에도 치우침이 없는 獨自的인 가르침이었던 것이다.

2) 平等主義

社會的 環境을 背景으로 본다면 붓다의 出現은 婆羅門 聖典을 尊重 내지는 絶對視하는 婆羅門族들의 權威에 대하여 이미 그 이전부터 일어나기 始作하였던 反抗運動이 좀더 철저하게 이루어진 것이라고 볼 수 있다. 붓다는 베다의 權威, 婆羅門 至上主義를 부정하였다. 태어날 때의 身分으로 계급을 定한다는 것은 無意味하며, 오직 自身의 修行만이 남의 尊敬을 받을 수 있다고 가르쳤다. 佛敎敎團의 長老들과 對話할 때 <머리가 희다고 해서 長老는 아니다>라는 가르침을 준 것은 代表的 實例이다. 붓다는 實際的으로 벌어지는 人間의 苦痛을 洞察했고 人間은 來質的으로 平等한 存在임을 宣言했다. 그 苦痛의 現實을 克服하여 創造的 未來를 기약하는 可能性이 누구에게나 內在되어 있다고 했다.

婆羅門 中心的인 當時 社會狀況과 여러 與件 밑에서, 어쩌면 人爲的으로 빚어지는 여러 가지 苦痛들을 조금이라도 덜어야 하겠다는 社會的 要請은 비단 物質的 分野에서 뿐만 아니라 오히려 精神的 分野에서 더욱 절실하게 느껴졌던 것이다. 붓다에 의하면, 苦痛의 原因은 人間의 外部에서 주어진다기보다 오히려 內的인 데에 근거한 것이며, 肉體的이라기보다는 오히려 精神的인 것이었기 때문에, 苦痛의 除去도 또한 마음에서부터 이루어져야 한다고 역설했다.

따라서 佛敎가 社會의 一般大衆들에게 끼친 影響이란, 婆羅門 至上主義와 祭祀儀式 위주의 삶의 態度에서 解放시키는 가르침이었고, 내일의 希望을 약속하는 敎示였다. 佛敎는 당시 印度社會의 집요한 계급의식과 神 中心的인 思考에서 脫皮시키려는 努力이었다.

3) 東洋的 휴머니즘의 傳統

前記한 佛敎의 平等主義에 코스모폴리탄的인 면모가 보인다. 즉 佛敎는 同族感을 重視하는 國粹主義的 軌道를 넘어서서 超階級的으로 超國家的으로 넓혔던 것이다. 그리하여 印度에서 發生한 佛敎는 全世界的으로 傳播될 수 있었다고 보여진다.

붓다는 결코 <眞理>를 自處하지 않았다. 그는 스스로 <眞理를 가리키는 者>라고 했다. 이것은 그 자신 神格化되는 것을 바라지 않았다는 뜻이다. 진리를 가리키는 永遠한 求道의 나그네임을 自處했다는 것은 後世佛敎의 傳統에 있어서 敎祖나 敎理에 대한 權威主義的 우상화를 防止하는데 큰 寄與를 하였다. 佛敎의 敎理는 한번도 <도그마>로서 實踐되지는 않았다. 그는 또한 自己의 새로운 가르침을 펴는데 있어서는 弟子들이 佛敎聖典을 편찬하는데 있어서 당시의 通俗語였던 프라크리트(Prakṛt)語를 使用했다고 전해진다. 婆羅門의 聖典들이 貴族語인 산스크리트(Sanskrit) 위주로 편찬되었고, 또 一般百姓들에게는 文字를 배우는 것조차 금지되었다는 것에 비추어 볼 때, 佛陀가 俗語를 使用했다는 것은 무척 중요한 意味를 지니는 일이다.

敎祖의 겸허한 자세는 이후 佛敎의 發展에 있어서 重大한 영향을 끼쳤다. 첫째, 權威주의가 아니기 때문에 佛敎의 分派는 佛滅 直後부터 일기 始作했다. 둘째, 佛敎의 歷史에 있어서는 餘他의 宗敎와 對比해 볼 때 순교자가 적다. 셋째, 佛敎는 他力 中心的이기라기보다는 自力 위주의 信仰으로 發展되어졌다. 그러면 이러한 일반적 경향 외에도 佛敎가 世界的인 宗敎로 成長할 수 있었던 重大한 理由는 바로 前記한 敎祖의 겸허한 자세 때문이라는 것은 부인할 수 없는 사실일 것이다. 인간 고오타마 붓다에 대한 絶對化, 神格化 作業은 그가 죽은 후, 二百餘年 사이, 즉 部派·小乘佛敎의 分裂時代에 빚어진 일이었다.

제6장 國家의 統一과 佛敎의 變貌

(1) 마우리야(Maurya)王朝의 出現

紀元前 4世紀를 前後해서 印度에는 小都市國家들을 倂合한 强力한 專制國家들이 생겨났다. 하르얀카(Haryanka), 샤이슈나가(Śaiśunaga), 난다(Nanda) 등의 國家들이 차례로 大國家를 세웠다. 그럴즈음 印度에는 劃期的인 事件이 생겼다. 마케도니아의 알렉산더(Alexandros)大王이 페르샤를 征服한 餘勢를 몰아 北部 印度에 侵入하기 始作하였던 것이다. 알렉산더 대왕의 印度征伐(B. C. 327∼325)은 土着民이었던 印度諸國의 抵抗과 遠征軍의 피로로 말미암아 판잡(pañjab) 地方의 入口에서 저지되었고, 희랍군은 그 一帶에 몇몇 都市를 중심으로 한 위성 국가를 建設한 채 退却하지 않으면 안되었다. 그러나 알렉산더 大王의 侵入은 印度人들로 하여금 外勢의 侵入에 對抗토록 한 自主心을 불러 일으켰다.

回軍하던 알렉산더 대왕은 B. C. 327年 바빌로니아에서 客死하였다. 印度人들은 곧 外勢를 몰아내기 시작하였는데, 그 結果 B. C. 317年 챤드라굽타(Candragupta B. C. 321∼299 在位)가 마우리야(Maurya)王朝를 建設하고 완전히 印度의 中北部 地域을 統一하였다. 그의 偉業은 賢明한 大臣 코틸리야(Kautilya)의 助力에 힘입은 바 컸다. 코틸리야는 <實利論(Artaśastra)>을 지어서 政治·外交·軍事 등에 관한 그의 政治 思想을 體系化하였는데, 그것은 多分히 國家主義的 功利主義의 경향을 띤 것이었다.

始祖 챤드라굽타와 第二祖 빈두사아라(頻頭婆羅, B. C. 297~264) 왕은 쟈이나敎徒였다고 한다. 당시 대부분의 住民들은 農耕生活에 從事하고 있었으며, 한편 都市를 中心으로 商工業에 종사하는 사람의 수도 늘어나고 있었다. 大家族 制度가 유지되고 있었고 대체로 각 家庭에서는 婆羅門敎에 의한 儀禮가 채용되고 있었으며 쉬바神이나 비슈누神에 대한 信仰도 상당히 보급되어 있었다. 그러는 동안에 佛敎나 支那敎는 각각 聖典의 整備와 敎權의 確立을 위해 努力하고 서서히 住民의 各層에 침투하고 있었다.

(2) 아쇼카(Aśoka) 왕과 佛敎

1) 아쇼카 왕의 政治思想

마우리야王朝의 第 3代 王으로 卽位한 아쇼카 왕(Aśoka, 阿育王 B·C. 264~217)은 統一國家建設의 偉業을 繼承하여 南印度까지 領土를 擴張하였으며 文化의 向上에도 주력하여 印度歷史上 最大의 大帝國을 建設하였다. 그는 처음에는 父祖의 宗敎를 따랐지만 나중에는 독실한 佛敎信徒가 되었다. 아쇼카 왕은 卽位한지 8年만에 칼링가(Kaliṅga)제국주의 大征服戰爭을 치르었다. 그러나 전쟁의 悲慘함을 보고, 王은 暴力이 아니라 正法에 의한 政治를 표방하게 되었으며, 자기의 罪를 懺悔하고 佛敎에 歸依하였다. 그는 戰爭을 포기할 것을 宣言하였고 佛敎의 精神에 따른 政治를 行했다.

그는 자기의 罪를 참회한다는 뜻에서 佛敎의 四聖地를 참배하고, 그곳에 石柱를 세웠다. 또한 <法에 의한 勝利>만이 참된 眞理라는 信念으로 法의 實踐을 促進시키기 위해 法勅을 發布하였다. 이것이 유명한 磨崖十四章法勅이다.

아쇼카 왕은 政治가 百姓들에게 利益을 주고 安樂을 도모하게 하는 일이라고 생각하였다. 國王이란 이러한 任務를 遂行하는 사람이며 좀더 적극적인 의미에서는 國民들에 대한 <빚을 갚는 報恩(Pratyupagamana)>의 存在라는 것이다. 그런데 빚을 갚는 行爲는 現世的인 것일 뿐만 아니라 來世的, 召越的인 것에도 이르러야 한다고 했다. 이러한 理想이 全人類가 지켜야 할 道理(Dharma)이며, 그것이 곧 佛敎라고 생각하였다. 그대서 아쇼카 왕은 종래 一般人들이 즐겨 행하던 祭祀·呪法 등을 모두 無意味한 것이라 하고, 佛敎에 歸依할 것을 권고하였다.

그러나 그는 佛敎를 믿는다고 해서 쟈이나敎·婆羅門敎 등 다른 宗敎들을 抑壓한 것이 아니었다. 그 結果 支那敎 등은 寺院의 建立, 經典의 편찬 등 활발한 움직임을 보여 그 敎勢를 擴張하였다.

2) 佛敎政策

아쇼카 왕의 佛敎觀은 涅槃의 證得보다 生天(Avarga)에 있었던 것 같다. 그는 늘 하늘나라에 태어날 것을 所願했는데, 그것은 비단 出家人에게만 可能한 것은 아니라고 보았다. 一般民衆들에게 대해서는 社會의 正義와 道德的 實踐을 권장하였고, 官吏들에 대해서는 百姓의 利益과 安樂을 위해 如法히 實施할 것을 당부하였다. 또 그러한 目的實現을 이루기 위해서 스스로 視察旅行을 다녔다.

王은 스스로 不殺生戒를 지키기 위한 사냥을 禁하고, 宮中의 宴會에서도 일체의 肉食이나 사치를 禁하였다. 또한 가난한 사람들을 위해서 <布施의 집>을 設立하여 식량과 의복을 제공하였으며 사람을 위한 병원뿐만 아니라 家畜病院까지 지었고, 곳곳에 養老院을 設立하였다. 왕이 이와 같이 佛敎에 歸依한 信徒답게 厚生施設을 마련한 것은, 그의 佛敎的 信心 이외에 특히 行動의 重要性을 뼈저리게 느꼈기 때문이라고 볼 수 있다. 「나는 내가 옳다고 보는 어떤 일이든지 모두 行爲로서 實踐하고, 또 적절한 方法으로 達成시키려고 한다」. 아쇼카

왕은 「善이란 이러한 目的을 增進시키며 減少시키지 않는 것」이라고
했다.

이와 같이 그의 施策은 모두 佛教的 方便으로 施行되었으며, 스스
로를 <神들에 의해 사랑받는 溫和한 王(Priyadasin)>이라고 稱하였
다. 後代 사람들은 아쇼카 왕을 神話的 君主인 轉輪聖王이라고 부르
기도 했다.

3) 海外布教

아쇼카 왕의 <磨崖法勅> 第十三章에 의하면 大王은 印度의 邊境
地에 使者를 파견하여 佛教를 傳播하였다고 記錄하였다. 布教師로는
宗團의 長老 또는 王의 側近이 선발되었고, 비교적 平易한 經典의
教說을 中心으로 布教케 하였다. 이러한 努力으로 말미암아 카쉬미
르·간다아라 地方을 비롯한 印度 各地와 바크트리야의 희랍人 居住
地, 실론(스리랑카)·버마 등 國外의 여러 地域으로 佛教가 널리 퍼
지게 되었던 것이다. 南傳(Dīpavaṃsa, Mahāvaṃsa)의 記錄에 의하
면 傳道者와 그 場所는 다음과 같다.

① 마쟌티카(Majjhantika)……간다아라(Gandhāra), 카쉬미르(Kashmīra)

② 마하아라키타(Mahārakkhita)……요나카롤카(Yonakaloka)

③ 카사파고타(Kassapagota)·마지마(Majjhima)·두라비싸라
(Durabhisara) 등……히마반타 (Himavanta)

④ 요나카담마라키타(Yonakadhammarakkhita)……아파라타카(Aparantaka)

⑤ 마하담마라키타(Mahādhammarakkhita)……마하아라타(Mahāraṭṭha)

⑥ 소나(Sona) 웃타라(Uttara)……수반나부후미(Suvaṇṇabhūmi)

⑦ 마하아데바((Mahādeva)……마하사마달라(Mahisamaṇḍala)

⑧ 라키타(Rakkhita)……바나바아사(Vaṇa-Vāsa)

⑨ 마힌다(Mahinda)……랑카(Lanka)

4) 第三結集

第一·第二結集의 傳說이 佛敎敎團의 根本分裂 이전에 있었던 것에 비해 第三結集은 後期의 傳承에 由來한다. 그런데 그 結集의 內容을 傳하는 南傳과 北傳의 記錄이 서로 다르기 때문에 어떤 綜合的인 結論을 얻기는 곤란하다.

南傳(Dīpavaṃsa, Mahāvaṃsa, Samantapāsādikā)에 의하면 아쇼카王은 佛敎敎團에 대해 많은 供養을 베풀었는데, 六萬의 外道가 아쇼카 公園 안에 침투하여 七年間이나 布薩을 行하지 않는 등, 佛敎敎團의 타락상이 극도에 달했다고 한다. 그래서 대왕은 아호 강가(Ahoganga)에 있던 長老 목갈리풋다(Moggaliputta)를 招請하여 第三結集을 斷行하였다. 즉 分別說(Vibhajavāda) 이외의 非正統說者를 모두 敎團에서 追放하고, 千名의 長老들로 하여금 카타아바투(Kathāvatthu, 論事)를 作成케 했다. 이것이 佛滅後 236年만에 열린 第三結集이다.

北傳의 전하는 바에 의하면 敎團의 타락상 때문에 第三結集이 열리게 되었다는 점은 南傳과 비슷하나 正統說이 아니라고 해서 追放했다는 記錄은 없다. 따라서 南傳의 說을 따른다면 이 時期에 이미 分派가 있었지 않은가 생각되지만, 確證은 없는 셈이다.

5) 佛塔의 建立

아쇼카 왕의 업적 가운데, 佛跡의 保存은 앞에서 言及한 바와 같고, 또한 대왕의 명령에 의해서 佛陀와 佛弟子들의 遺骨을 모신 浮屠의 建立, 그리고 곳곳에 壯大한 塔婆(Stūpa)의 建立 등이 盛行하였다. 스투우파는 원래 <무덤>을 뜻하는 말이었다. 그것이 漢文으로는 <率塔婆>로 音譯되었고 後에는 줄여서 塔婆 또는 塔이라고 부르게 되었다. 印度의 塔은 주로 圓型이었는데 塔의 주변에는 欄楯을 배치하고,

아름답고 우아한 각가지 彫刻을 장식하여 佛敎美術의 發展에 劃期的
인 貢獻을 하였다. 韓國을 비롯한 中國·日本 등 大乘佛敎圈에서도
이 塔의 建立과 恭敬은 重要한 儀式 중의 하나이었는데, 中國의 경우
塼塔, 日本은 木塔, 韓國은 石塔의 造型이 크게 流行하였다.

이 時期에는 아직 佛像의 彫成은 이루어지지 않고, 다만 塔과 石
柱의 建立만이 이루어졌는데, 특히 붓다가야(Buddhagayā)의 산치
(Sanchi)大塔, 바르하트(Bharhat)의 大塔 등이 유명하다.

(3) 희랍과의 交流

아쇼카 왕이 逝去한 후, 마우리야王朝는 급격히 勢力이 위축되었
다. 紀元前 187에 아쇼카 왕의 휘하에 있던 프샤미트라(Pusyamitra)
는 獨自的으로 政權을 奪取하여, 마우리야王朝는 崩壞되었다. 프샤미
트라의 王朝를 슝가(Śunga)라고 하는데, 그것은 短命이었고(B. C.
187~75), 이후 印度는 다시 政治的인 分裂狀態에 들어갔다. 프샤미
트라는 佛敎를 排斥하여 佛像을 파괴하고, 佛寺를 태우는 등 暴惡한
君主였다고 한다. 반면 브라흐마니즘은 비약적인 發展을 이룩했다.

그러나 이 당시에는 희랍과 印度의 文化 交流가 활발히 이루어졌
다. 印度文化와 희랍文化의 융합을 헬레니즘(Hellenism)이라고 한다.
그것은 주로 야바나라는 곳을 중심으로 形成되었다. 희랍인들은 주
로 印度의 西北地方인 야바나에 居住하였는데, 그곳에서 태어난 희
랍인 王에 메난드로스(Menadros, 彌蘭陀)와 佛敎의 學僧 나아가세에
나(Nāgasena, 那先比丘) 長老 사이에 論議된 佛敎敎理의 問答은 <밀
린다 왕의 물음(Milindpañcha, 那先比丘經)>이라는 이름으로 現存하
고 있다. 智慧와 煩惱·輪廻·業·出家와 在家·敎團·來世 등 광범
위한 內容의 問答은 서로의 思想的 立場을 表明하는 귀중한 資料로
評價되고 있다. 思想史的으로도 東洋과 西洋의 邂逅라는 面에서 重

要한 의미를 지닌다. 이 일이 있은 후, 메난드로스 왕뿐 아니라 많은 희랍사람들이 佛敎에 관심을 갖게 되었고, 또 佛敎에 歸依하는 사람도 생기게 되었다.

승가王朝가 몰락한 후, 안드라王朝가 들어서면서 佛敎는 새 轉期를 맞게 되었다. 원래 마우리야王朝의 支配下에 있던 안드라(Andra)王朝는 中央地帶에까지 勢力을 펼치는 大帝國을 建設하였다. 領土의 擴張을 위해 크고 작은 戰爭을 수없이 치르기도 했지만, 한편으로는 文化事業도 적극적으로 推進하였다. 특히 佛敎 石窟寺院의 建立에 힘써서 데칸高原 지대에 많은 佛敎 石窟寺院을 建設하였다. 유명한 아쟌타(Ajānta) 石窟群가운데 最古의 것은 대부분 안드라王朝時代에 이루어졌다. 아쟌타의 石窟은 앙코르와트와 더불어 世界美術史上 가장 優秀한 것으로 評價되고 있다. 이러한 石窟寺院의 建立은 自然石窟과 人造石窟로 나눈다. 그것은 주로 印度의 西北 地方에 建立되었는데, 나아시크(Nāsik), 쥬나아르(Junnār), 카알라(Kārlā), 칸레이(Kānheri), 에롤라(Ellorā) 등이 유명하다. 우리나라의 斷石山神仙庵·佛谷磨崖佛·石窟庵 등은 모두 이러한 영향을 입고 建立된 人造石窟寺院이다.

(4) 部派佛敎의 展開

밧지 族이 十事를 擧論하면서부터 佛敎의 敎團은 上座部(Theravāda)와 大衆部(Mahāsaṃghika)의 두 派로 分裂되었다. 上座部란 傳統的 保守派를 대변하였고, 大衆部는 進步的 自由學風을 이루고 있었다. 그리고 이 兩派가 時代의 흐름에 따라 각각 分裂하여 서력기원을 前後하는 時期까지 18 또는 20정도의 部派가 생겨나게 되었다. 이와 같이 佛敎의 分派가 생겨나게 된 것은 물론 學說의 解釋 문제의 相違性 때문이기도 하겠지만 오히려 學說보다도 指導級 長老들의

反目, 地理的으로 너무 떨어져 있기 때문에 생긴 必然的인 疎外이라는 것들에 의해 빚어진 結果였다. 그리고 이들 각 部派에서는 각각 自派의 權威를 올리고 자기들이 正統派임을 나타내기 위하여 自派獨自的인 聖典을 편찬하기 始作했다. 佛敎의 聖典은 第一結集 이래 口傳으로 暗論되었으나 파알리(Pāli)語 聖典은 紀元前 1세기경에 실론의 上座部에서 비로소 筆錄된 것으로 알려지고 있다. 最初의 藏經을 阿含(Āgama)이라고 하며, 다음과 같은 種類가 있다.

① 南傳(파알리語)
　　Dīgha Nikāya(長部經典)
　　Majjhima Nikāya(中部經典)
　　Saṃyutta Nikāya(相應部經典)
　　Aṅguttara Nikāya(增支部經典)
　　Khuddaka Nikāya(小部經典)

② 北傳(漢譯 산스크리트語)
　　長阿含經(Dīrga-Āgama)
　　中阿含經(Madhyama-Āgama)
　　雜阿含經(Saṃyakta-Āgama)
　　增一阿含經(Ekottara-Āgama)
　　雜藏(部分的으로 漢譯됨)

　이러한 經典의 편찬과 아울러 經典의 硏究가 활발히 進行되어 論書(Abhidharma, 阿毘達磨・阿毘曇)가 생겨났고, 이것까지를 총칭하여 三藏 (Tripiṭaka)이 成立되었다.
　20여 部派의 分裂은 기원을 전후한 시기까지 계속되었는데, 그중에서도 가장 큰 勢力을 가졌던 것은 <說一切有部>였다(部派佛敎의 分派를 圖式化하면 다음의 표와 같다.).

이와 같은 佛敎의 部派的 展開는 반드시 佛敎의 發展이라고 볼 수
는 없을 것이다. 왜냐하면 당시의 佛敎는 原始佛敎時代에 비해 오히
려 번쇄적인 경향이 농후해졌고, 따라서 자연이 出家中心·僧院中心
의 學問佛敎로 化하고 말았다. 그리고 大衆들은 低俗한 迷信的 信仰
에 몰두하게 되어 점차 佛敎는 純粹性을 잃게 되었다.

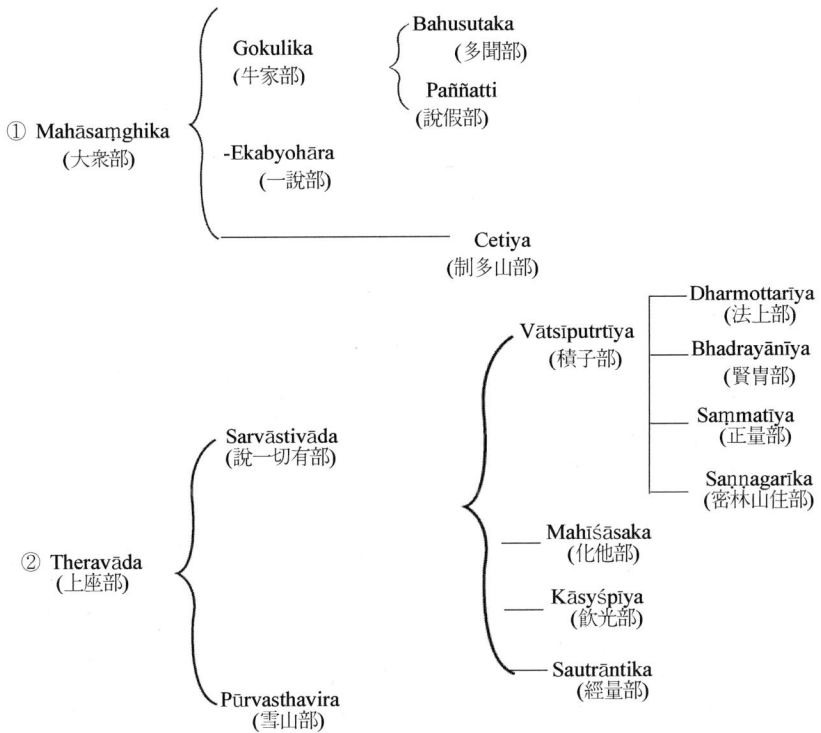

그래서 部派佛敎의 그릇된 面을 바로잡고자 하는 새로운 運動이
생겨났다. 그것을 大乘運動이라고 하며, 大衆部의 比丘들과 在家信徒
들을 中心으로 그러한 분위기는 점차 高潮되기 시작하였다.

(5) 쿠샨(Kuṣan)王朝의 佛敎

쿠샨(Kuṣāna)王朝는 원래 匈奴系統의 部族이었다. B. C. 130年경 印度로 移住를 始作했는데, 이후, 점차 勢力을 擴大하여 印度諸國을 征服하였다. 始祖는 쿠쥬우라카드피세에스(Kujūlakadphises, 丘就郤) 였고, 그의 後繼로서 카니쉬카(Kaniṣka, 迦膩色迦)王이 第三代 帝王으로 등극하면서 月氏國의 殘存 세력을 모두 追放하고 强盛한 統一國家를 이룩하였다.

카니쉬카王은 佛敎에 歸依하여 많은 業績을 남겼다. <大乘起信論>의 著者로 알려진 아슈바고샤(Aśvagboṣa, 馬鳴)가 카니쉬카왕의 宗敎 고문職에 있으면서 佛敎에 관해 많은 著述을 남긴 것도 이때의 일이었다. 쿠샨王朝의 佛敎는 이미 그 전부터 일기 始作했던 分派의 조짐이 表面化된 이후의 일로서, 특히 有部系統의 說一切有部가 强한 勢力을 지니고 流布되고 있었다. 그들은 카쉬미르 地方을 中心으로 發展되었다. 카니쉬카왕은 說一切有部의 著述에 온갖 支援을 아끼지 않았고, 그 結果 說一切有部는 印度部派 佛敎를 代表하는 敎說로까지 成長하게 되었다. 多元論的 實在論으로서 三無爲(擇滅·非擇滅·虛空)를 비롯해서 諸法從緣起 등 衒學的 敎理體系를 갖춘 有部의 學說은 後世 大乘佛敎가 興起하면서 龍樹의 <中論> 등에 의해 批判받기까지 상당한 勢力을 가지고 理論을 展開시켜 나갔다.

說一切有部의 根本典藉으로는 <阿毘達磨發智論(異譯 阿毘曇八犍度論)이 있는데, 그것은 B. C. 2세기경 카트야야니이푸트라(Katyāyanāputra)가 지은 것이다. 이 學派는 <一切가 實有하다고 보는> 입장에서 學說을 展開하였다. <一切>란 五蘊·十二處·十八界 등을 총칭한다. 實有에는 네 가지 종류가 있다고 했다.

① 施設有……병·틀·옷·車·軍隊 등 假有의 自然的 存在.
② 相待有……길고 짧음, 이것과 저것 등.
③ 名有……거북의 털, 토끼뿔, 石女의 잉태 등의 모순을 포함한 名
目上 개념
④ 和合有……諸法의 相도 연관된 緣起의 存在.

　이것은 自然世界를 構成하는 微細한 原子의 存在까지를 認定하려
는 態度이며, 후에는 五位 七十五法이라고 하여 現象을 細密히 分類
하는 衒學的 態度를 취했다.
　經量部(Sautrāntika)도 이와 비슷하게 現在實有·過去·未來 無體
등을 說하였다. 이러한 法有無我의 思想이 部派佛敎時代의 특징이었
고, 그들이 最高의 理想으로 삼은 境地는 阿羅漢(Arhat)이었다.
　이 時期의 또 다른 注目할 만한 現象으로는 東西文化 融合의 結果
로 헬레니즘的 경향이 농후한 佛敎美術의 出現이다. 그 中心은 오늘
날의 페샤발, 즉 간다라로서 소위 <간다라(Gandhara)藝術>이 成立되
었다. 印度에는 아직까지 佛像을 彫成하지 않은 채 塔婆·寺院 등
佛敎建築에만 주력하고 있었는데, 이 時代에 이르러 비로소 희랍의
神像과 같은 아름다운 佛像들을 彫刻하기 始作하였다. 이 당시 佛像
에서 풍기는 優雅한 均衡美는 희랍의 조각을 聯想케 한다. 순수한
印度美術의 觀點에서 보면, 그것은 하나의 地方藝術에 불과한 것이
지만 그것은 東洋美術史에 있어서 중대한 두 가지의 의미를 지닌다.
첫째, 佛像을 처음으로 만들었다는 점, 둘째, 아시아 各地方의 美術
에 많은 影響을 준 것 등이다. 이곳의 美術은 카니쉬카王 治世때 그
極盛期를 누렸고, 그 후 한동안의 沈潛期가 있었으나, 5世紀경에 다
시 復興運動이 있었다.
　카니쉬카王이 죽은 후 바아시스카(Vāsiska), 후비스카(Huviska),
바이수데바(Vaisudeva) 등 諸王은 모두 佛敎를 옹호하며 王朝를 계
승하다가 사푸르(Sahpur)에 의해 A. D. 5世紀경 滅亡당했다.

(6) 正統婆羅門敎의 敎學整備

佛敎의 平等理念을 具現하려 했던 마우리야王朝 時代의 理念도 印度社會의 뿌리 깊은 계급적 區別을 완전히 타파하지는 못하였다. 佛敎가 興旺하였음에도 불구하고 婆羅門敎는 뿌리 깊게 一般人들에게 남아 있었으며, 특히 紀元前 1, 2세기 경에는 正統婆羅門敎의 聖書였던 베다·우파니샤드·브라흐마나 등의 補助文獻으로서 네 가지의 책이 생겼다. 이것은 一般信者들의 要求에 順應한 것으로서, 一種의 聖傳書(Smṛti)라고 볼 수 있을 것이다.

① 天啓經(Śrauta-sūtra): 슈르티 가운데 특히 브라흐마나에 관한 註釋書로서 混雜한 祭祠儀式을 간결하게 要約한 것으로서 現在는 十七種이 傳해진다.

② 家庭經(Gṛhya-sūtra): 家庭 내에서 지내는 祭祀·儀禮를 要約한 것이다. 原始印度社會의 風俗을 알게 해주는 희귀한 資料인데, 역시 17種이 傳한다.

③ 律法經(Dharma-sūtra): 正統 婆羅門敎의 立場에서 캐스트 制度를 옹호하고 四姓의 權利·義務·生活規定 등을 記錄한 책이다. 後世에 成立된 <法典(Dharmaśāstra)>의 先驅가 되었다. 現在 七種이 傳한다.

④ 祭壇經(Śulva-sūtra): 祭場·祭壇·祭火의 設置에 관한 規定을 記錄한 책으로서, 印度의 數學 특히 幾何學의 發展에 많은 寄與를 하였다. 現在 八種이 傳한다.

이상의 四種 經典은 總稱해서 祭事經(Kalpa-sūtra)이라고 한다. 이들이 다루는 學問 範疇는 祭事學(Kalpa), 音韻學(Śiksa), 音律學(Chandas), 天文學(jyotiṣa), 語源學(nirukta), 文法學(Vjākaraṇa) 등이며, 이들을 특히 六補助學(anga)이라고 부른다.

前述한 바와 같이 當時의 一般民衆들은 아직도 베다 聖典의 權威

를 承認하고 그들 스스로가 가졌던 俗信이나 神觀을 베다의 宗敎와 連結시킴으로써 서서히 그것을 生活化하기 始作하였다. 즉 아리얀들은 原住民들의 文化習俗에 同化되어 가고 있었으며, 이것이 印度 正統의 힌두이즘(Hinduism)을 發展시키게 되었다.

이 時期에는 正統婆羅門敎에서 종래 가졌던 哲學的인 要素보다는 오히려 宗敎的 色彩를 强하게 띠게 되었다. 특히 쉬바(Śiva)神에 대한 숭배가 점차 盛해 가고 있었다. 쉬바神은 원래 狂暴하고 무서운 神性을 가진 神이었다. 必殺의 활을 손에 들고 호랑이 가죽으로 만든 옷을 입었으며, 山野를 배회하며 심지어는 諸神까지 쉬바神을 두려워한다는 것이다. 그에게 供養함으로써 不幸이 防止될 수 있다고 생각되었다.

아울러 비슈누(Viṣṇu), 크리슈나(Kṛṣṇa) 등의 숭배도 盛行하였다. 비슈누는 太陽의 光照作用을 神格化한 神으로서 巨大한 人間으로 묘사되고 있다. 그의 三步는 天·空·地의 三界를 확보한다. 그의 妃 라크샤미이(Lakṣamī)는 美와 幸運의 女神으로 尊崇되었다. 佛敎에서는 라크샤미이를 吉祥天女라고 부른다. 크리슈나는 怪力을 가진 牧童으로 惡魔·惡人을 退治한다. 그가 부는 피리소리를 듣고 즐겁게 춤추고 있는 牧女의 모습을 그린 場面은 印度 固有의 民畵에서 특히 자주 발견할 수 있다. 後世 마하브 하아라타라는 大叙事詩에 登場하는 크리슈나神은 바로 이 神의 化身이다.

한편 이 時期에는 새로운 우파니샤드가 集成되었다. 야쥬르베다의 思想을 繼承한 카타하(Katha) 우파니샤드, 슈베타아슈바타라(Śvetaśvatara) 우파니샤드 등이 出現하기 시작하였다. 우파니샤드의 初期 文獻들에는 주로 哲學的 內容이 담긴 것이 많았으나, 中期 이후의 作品들에는 宗敎的 內容이 많이 가미되어 있다. 그것은 아마도 婆羅門敎의 有神論的 影響을 받았기 때문이라고 보여진다.

한편 紀元前 350年경에는 有名한 文法學者 파아나니(Panani)가 出現하여 복잡한 산스크리트 文法을 集大成하였다. 원래 印度의 文法

學은 베다 聖典의 解釋學으로 發展된 것으로서 聖典에 대한 바른 理解를 目的으로 하고 있었다. 紀元前 250年 경에 등장한 카아트야아야나(Katyayana)는 <註釋書(Varttika)를 지었고, 파탄쟐리(Patañjali)는 <大註釋書(Mahābhāṣya)를 지었다.

이들은 모두 文法의 細則을 조목별로 記述하였을 뿐만 아니라 言語에 대한 哲學的 省察을 企圖하였는데, 그것은 모두 베다 聖典의 常住永遠性을 根據로 하고 婆羅門敎의 絶對的 權威를 높이기 위한 시도였다.

제7장 統一國家의 崩壞와 大乘運動의 대두

(1) 國家의 分裂

기원전 2世紀경부터 印度는 政治的으로 완전히 分裂狀態에 들어갔다. 슝가王朝를 멸망시키고, 들어선 칸바(Kanva)王朝도 곧 滅亡했다. 그러나 이들 두 王朝는 겨우 갠지스 강 유역을 지배하였을 뿐이고 西北印度 및 南部地方에는 小國家들의 相爭이 계속되고 있었다. 기원전 1세기경에는 샤카(Śaka, 塞種), 파르티아(Parthia, 安息族) 등이 侵入하였다. 파르티아王朝의 아제스(Azēs) 왕은 西北印度를 統治하였는데, 그를 비롯한 諸王은 公式的으로는 그리스語를 使用하고 固有의 宗教를 信奉하였으나, 印度의 俗語도 併用하였다. 이러한 일련의 사건들은 모두 印度文化의 여러 면에 걸쳐 상당히 영향을 끼친 것으로 보인다.

한편 東南印度에는 칼링가國의 카아라베라(Kharavela)王이 등극하면서 威勢를 드높였다. 그는 인근을 征服하고 스스로 轉輪聖王이라 稱했다. 그는 또한 宗教的인 信行도 强調하여 諸宗教의 神殿을 修理하였다. 이 時代에는 특히 쟈이나教가 크게 번창하였다.

한편 一般民衆들의 信仰으로 聖樹崇拜 · 星辰崇拜 등이 盛行하였는데, 이에 편승하여 諸宗教의 경향도 다분히 有神論的으로 흘러갔다.

(2) 佛陀觀의 變貌

이 時代의 佛敎徒들의 崇拜의 중심은 絶對化된 釋尊에 관한 것이었다. 舍利(Śarīra)의 崇拜도 盛行하여, 곳곳에 많은 塔婆(Stūpa)가 생겼다. 아울러 釋尊의 生涯와 관련된 四聖地의 聖域化도 推進되었고, 그와 함께 菩提樹, 法輪, 夜叉(Yakṣa) 등도 숭배의 對象이 되었던 것이다.

이러한 당시의 佛陀觀은 모두 前記한 諸宗敎의 영향 때문인 것으로 보인다.

붓다는 자기 스스로를 神格化하지도 않았고, 또 神格化되기를 바라지도 않았다. 그러나 時代가 흐름에 따라 붓다의 모습은 絶對者로 想定되기 시작하였다. 그래서 如來는 우리와 같은 平凡한 존재가 아니라, 우리와는 다른 존재라고 생각하기 시작하였다. 三十二相 八十種好는 絶對的인 모습의 釋尊을 그리는 表現이다.

아울러 붓다와 같은 偉大한 聖人은 前生부터의 오랜 修行이 있었기 때문에 可能한 것이라고 믿었다. 過去 七佛에 관한 信仰 등이 그것이다. 따라서 붓다의 前生說話가 유행되기 시작했다. 賢愚經·本生譚(Jātaka) 등은 代表的인 前生說話 經典들이다.

일반 佛敎徒들은 父母의 명복을 빌기 위한 추도 供養 등을 行하기 위해서 僧院(Saṁgha 僧伽藍摩, 伽藍)을 喜捨하거나 세우는 일이 많았다. 특히 王族들은 國家나 一家의 幸福을 위해서 寺院을 寄贈하는 일이 늘어났다.

당시의 出家 修行僧들은 대부분 僧院에서 머물었는데, 그들 僧院은 이미 아쇼카 왕 때부터 일기 시작한 各部派들의 本據로 변모하고 있었다. 確實치는 않지만 이 當時에는 약 18部派가 있었던 것으로 짐작된다. 거기에 上座部와 大衆部의 根本 分裂二部까지를 합해서 <小乘二十部>라 부른다.

그들은 自派의 우월과 正統을 내세우기 위해 敎說의 說明註釋·整

理分類·理解 등에 注力하였는데, 그러한 努力의 結果 論書가 생기
게 되었다. 이 時代의 佛敎의 특징을 阿毘達磨 佛敎라고 할 수 있다.
따라서 자연히 部派佛敎는 學問中心·出家中心의 學術的이고 번쇄적
인 學風을 지니게 되었다. 이러한 思想的 背景 속에서 大乘運動이
일어났으며, 그것은 前述한 바와 같이 部派小乘들의 그릇된 有論을
바로잡고 佛敎의 眞面貌로 되돌아가기 위한 움직임이었다.

(3) 敍事詩의 哲學思想

1) 마하아바라타(Mahābharata)

印度人들이 남긴 民族敍事詩에 마하아브하아라타(위대한 브하아
라타)와 라아마야아나(Rāmayāṇa, 라아마 왕 이야기)가 있다. 이들은
거의 同時代에 成立된 것으로 믿어지며, 특히 哲學的인 면으로 볼
때 前者의 마하아브하아라타는 브하라타(Bharata) 族의 戰爭을 묘사
한 史詩라는 점에서 重要하게 評價되고 있다.

그것은 18編 10萬頌의 詩句로 되었으며 附錄으로 하리밤샤(Harivaṃśa)
약 萬千頌이 첨가되어 있고, 作者는 브야아사(Vyasa, 編纂者라는 뜻)라고
전한다. 이 史詩의 記錄은 佛敎興起 이전부터 이미 있었던 大戰爭 사건
을 수차 修正. 增補하여 紀元前 2세기경부터, A. D. 2세기 경 사이에
成立된 것으로 보여지며 A. D. 400年경 現在의 모습으로 確定된 것이
라고 생각된다.

戰爭譚의 주요 내용은 神話나 傳說 등을 포함하여 當時의 法律·
政治·經濟·社會制度까지를 詳細하게 記述하고 있어서 當時의 民間
信仰이나 通俗哲學을 알게 해 주는 劃期的인 資料이다.

마하아브하라타의 主題는 善과 惡을 代辯하는 판다바스(Pandavas)
와 쿠라바스(Kuravas)의 싸움을 상징적으로 묘사한 것이다.

드리타 리슈트라(Dhrita-rashtra)와 판두(Pandu)의 두 형제는 하슈
티나푸라(Haśtinapura)王의 아들이었다. 왕이 죽자 동생인 판두가 王
權을 繼承했다. 왜냐하면, 그의 형 드리타는 장님이었기 때문이다.
이에 형 드리타는 앙심을 품게 되었다.

판두에게는 유디슈티이라(Yudhishthira), 비마(Bhima), 아르쥬나
(Arjūna), 나쿨라(Nakula), 사하데바(Sahadeva) 등의 아들이 있었고,
드리타에게는 두료다하나(Duryodhana) 등 백 명의 아들이 있었다.
판두가 죽자 드리타는 그 權座를 차지하고 조카들을 모두 몰아내었
다. 이에 王權을 되찾으려는 판두의 아들과 드리타 사이에 大激戰이
벌어지게 된다.

大激戰의 前夜, 혁명군을 총지휘하던 아르쥬나(Arjūna)는 作戰會
議를 召集하여 計劃을 짜던 중 번민에 사로잡힌다. 아무리 正當한
戰爭이라고 하더라도 형제끼리의 살육, 또 수많은 人, 馬의 殺生에
깊은 懷疑를 품게 되었던 것이다. 이때 크리슈나(Krishna)神이 아르
쥬나의 馬夫로 化現하여 그에게 忠告를 한다. 「머나먼 旋路를 거쳐
서 涅槃에 이르는 것과 같이, 眞理에로 이르는 동안 여하한 惡도 이
를 뿌리 뽑지 않으면 안된다」. 그는 忠告를 통해 惡人의 業, 必然的
인 自然의 순환 등을 역설하면서 아르쥬나로 하여금 惡을 뿌리 뽑는
大聖戰이라는 信念을 불어넣어서, 드디어는 그 전쟁을 勝利로 이끌
게 하는 것이다.

이와 같이 마하아브라타는 어떤 때는 아르쥬나의 獨白으로, 때로
는 크리슈나와의 對話 등으로 集約되고 있다. 그 전체 부분 가운데
哲學的으로 問題視되고 있는 것은 다음과 같다.

① Sanatsujātāya-Parvan.(第5卷 40〜45章)
② Bhagavad-Gīta(6권 第25〜42章)
③ Mokṣadharma-parvan(第12卷, 174〜367章)
④ Anu-gita(第14卷, 16〜51章)

2) 바가밧 기이타(Bhagavad-gītā)

바가밧 기이타는 마하아브하라타의 六卷 25章에서 40章까지에 삽입된 詩篇이다. 약 7百頌으로 構成되었다. B. C. 2세기경에 成立되었으며, 現在의 모습을 갖추게 된 것은 西歷紀元을 前後한 時期가 아닌가 한다.

바가밧 기이타는 대부분이 크리슈나의 獨白으로 이어진다. <正義의 戰爭(dharmyaṃ yuddham)>의 必然性이 역설되고 있는 것이다. 또한 그것을 위해 哲學的 行爲의 强調가 눈에 띄는데, 重要한 實踐德目으로는 다음과 같은 것들이 있다.

① 쥬냐나(jñana, 智慧)
② 브하크티(Bhaktī, 信愛)
③ 카르마(Karma, 業에 의한 生存)

智慧와 信愛는 最高神인 비슈누(Vishṇu)의 觀照에 의한 것이다. 비슈누는 그 자체가 不生·無始·不壞한 最高神이지만 그것은 最高我와 동일한 것이다. 그것은 萬有의 監視者요 支配者이지만, 모든 生命있는 것들 가운데 內在하는 靈力(Māyā)과 동일한 것이기도 하다. 그 最高我, 즉 最高神에 대한 열렬한 信愛가 必要한 것이다.

이와 같이 汎神論的인 경향을 보이는 바가밧 기이타는 우파니샤드의 梵我一如思想을 계승시킨 것으로 볼 수 있다. 우파니샤드에서도 强調된 바와 같이 人間의 自我를 깨닫고 解脫할 수 있는 捷徑은 곧 즈나(智慧)에 의한 길뿐이었다. 따라서 우파니샤드에서의 즈냐는 梵에 이르는 길이었다. 이곳에서도 역시 그것은 마찬가지 기능을 가진 것이지만, 梵의 다른 이름인 最高神에 이르는 길이라는 말이다. 즈냐는 여러 가지 特性을 가졌지만, 그중 두드러진 屬生은 칫트(Cit, 意識)와 아난다(Ananda, 기쁨)이다.

한편 브하크티(Bhakti)는 즈냐를 도와서 解脫을 이루게 해 준다. 즈냐는 브라흐만의 기쁨이요, 永遠한 자의 기쁨이기 때문이다. 生物·無生物을 包含한 모든 存在는 서로 깊은 사랑으로서만 平和를 이룰 수 있다. 信愛는 神이 주신 빛이요 神과 人間, 그리고 人間과 人間을 연결시켜 주는 結束力인 것이다.

이곳에서 言及하는 카르마(Karma)는 일(work)이며 生活이다. 最高我는 카르마에 의해서 輪廻하는 일이 없지마는, 人間은 그 最高我를 自覺하지 못하기 때문에 윤회에 빠진다고 했다. 輪廻의 主體가 바로 카르마이다. 우리의 生存 生活은 곧 動作이지만, 그것이 輪廻의 原因이 된다. 이같이 즈냐·브하크티·카르마는 서로 연관을 가진 관계이며 이 셋을 調和하는 것이 必要하다. 크리슈나는 이 점을 强調하면서 그 實踐的 努力으로서 惡을 뽑는 大聖戰은 勝利로 이끌어야 한다는 信念을 아르쥬나에게 불어 넣는 것이다.

이 책은 前記한 바와 같이 有神論的 경향을 가진 것으로서 印度의 傳統的 諸宗敎 學說을 거의 담고 있다. 그래서 印度人에게 있어서 이 책은 聖書와 같이 尊崇되며 읽혀지고 있는 것이다.

(4) 大乘佛敎의 興起

1) 思想的 背景

印度의 政局이 混迷를 거듭하는 가운데 當時의 社會相도 많은 變動을 가져왔다. 傳統的 氏族社會가 崩壞되고 새로운 질서 維持의 確立이 必要하게 되었다. 律法經을 새로이 擴大改編해서 『마누法典』이 생겨났다. 그것은 紀元前 2세기경부터 B. C. 2세기경까지 成立된 것으로 보인다. 四姓의 制度를 當然한 것으로 前提하면서 犯罪를 처벌하는 各種條目들이 생겨났다. 그것은 商거래의 利子率에 관한 規定

畜妻에 관한 規定 各姓의 義務 등 여러 方面으로 法制化시킨 책이다.

그러나 女子의 地位는 아직 낮아서 獨立된 位置를 차지하지는 못한 것으로 보인다. 또한 國王의 尊嚴을 强調하여 專制的 行動을 正當化시킨 흔적이 농후하다.

한편 5세기부터 傳統的 權威를 잃었던 브라흐만敎는 佛敎나 쟈이나敎 같은 新興宗敎에 밀려난 듯 보이더니 마우리야王朝의 崩壞 후에는 그동안 農村 또는 一般家庭의 儀禮로 傳承된 底力을 과시하기 시작하였다. 前記한 마누 法典 같은 家庭經은 인도社會의 日常生活을 規制하는 宗敎的 權威를 지니고 오늘에 이르기 까지 인도의 傳統部落에서 그대로 전승되고 있다.

또 家族의 宗敎로서, 비슈누, 시바 같은 神이 새로운 信仰對象으로 登場하였다. 바가밧 기이타에서 나타난 <純粹한 信仰(Bhakti)>은 우파니샤드에서처럼 知的認識(쥬냐나)에 의한 것이 아니고, 祭祠(Karman)에 의하여서만 이루어진다고 强調한다. 비시누, 시바의 信仰에서 인도宗敎의 唯神論的 傾向은 농후하게 엿보인다. 陰陽의 原理에 의한 宇宙生成의 創造神으로서의 시바神 또는 여러 모습의 化身으로 나타났다는 비슈누神 등은 인도 종교의 特徵을 잘 보이고 있다. 發展한 段階의 시바神, 비슈누神은 브라흐만과 함께 三神一體說로 登場하게 된다.

이와 같은 印度 民間信仰과, 對應하기 위하여 佛敎에서 새로운 흐름의 信仰運動이 일어났다. 부처님의 舍利를 奉安한 佛塔을 지켜오던 在家信徒들은 부처님의 遺訓만을 지키는 比丘僧團과는 색다른 信仰形態를 形成하였다. 그들은 죽음을 象徵하는 수투파(StūPa)를 禮拜하는 동안, 그 높은 수투파의 彼岸에 부처님의 像을 그리고 그 부처님을 인도 民間信仰의 비슈누神이나 시바神들처럼 超人化하고 神格化하려는 傾向이 짙어갔다. 그리고 民間信仰에서 현저하게 벌어졌던 信愛運動의 影響에 발맞추어, 부처님의 慈悲와 그 慈悲에 의한 救濟思想이 强調되었다.

한편 比丘僧團 中心의 閉鎖的 信仰에서 벗어나기 위하여 佛教 教團 自體에서 새로운 改革運動이 일어났다.

前代의 部派的 佛教教理의 發展은 思想的인 面에서는 주목할 만한 것일지 몰라도 그것을 반드시 佛教의 發展이라고는 할 수가 없다. 왜냐하면, 分派에 의하여 佛教는 부처님 당시와 같은 순수성이나 발랄성을 잃고 말았기 때문이다. 律이나 經에 대한 해석 곧 阿毘達磨 佛教가 發達하여 자연히 僧院中心, 出家中心의 學問佛教로 變化되고 大衆性을 잃게 되었던 것이다.

이에 대해 佛教 本來의 모습으로 復歸시키려는 運動이 일어났다. 그와 같은 움직임은 특히 진보적인 大衆部의 比丘들 및 在家의 信徒들 사이에서 일어났다. 이것이 大乘佛教運動이라고 하는 것이다. 大乘佛教가 興起한 것은 서력기원전 1세기경의 일이라고 하나 大乘思想이 싹트기 시작한 것은 그 보다 훨씬 앞서부터이다. 大乘思想이 이루는 佛陀觀, 菩薩思想, 修行論 등은 南傳의 지아타카(Jātaka, 本生譚), 아바다아나(Avadāna, 譬喩文學) 및 阿毘達磨 佛教의 宇宙論 등의 發達과 더불어 조금씩 漸次的으로 이루어져 왔다. 그리고 이와 같은 思想이 組織的으로 成立되어 소위 大乘經典들이 생겨나게 되었던 것이다. 적어도 4世紀경에는 大乘寺라고 불리는 寺院이 있었던 것 같다. 그리고 大乘佛教의 特徵은 阿毘達磨佛教가 訓古學에 치중한데 대하여 實踐信仰에 중점을 두고 出家主義보다도 在家主義의 입장을 취하였다. 부처님이 出家修道한 본 뜻은 모든 사람들이 苦惱에서 解脫하도록 하는 데에 있었다. 大乘은 이 부처님의 根本精神으로 되돌아가고자 하였던 것이다. 그리하여 理想的인 求道者像을 등장시켰다. 그것을 菩薩이라 불렀다. 菩薩의 修行道인 6개의 完德의 길(Ṣat-Pāramita, 六波羅蜜)이야말로 大乘佛教의 두드러진 特徵이라 할 수 있다.

菩薩(Bodhisattva)은 원래 成道 이전의 부처님을 가리키는 말이었다. 부처님의 生前 이야기인 쟈타카에서는 부처님이 衆生를 濟度하

기 위하여 이 세상에 나오기 전 수많은 功德을 쌓은 結果 부처님이
되었다고 한다. 그 功德修行의 課程을 菩薩行이라고 한다.

그렇듯 衆生을 濟度하기 위한 一聯의 慈悲行을 六波羅蜜이라 한
다. 그리고 모든 菩薩은 衆生濟度를 誓約하는 誓願을 實現하여야 하
고 또 모든 功德은 衆生에게로 돌리는 廻向을 하여야 한다.

나보다는 남을 위한 布施行을 하는 利他行을 根本精神으로 하는
새로운 改革運動이 大乘佛敎運動인 것이다.

나의 利益만을 위한 自利行, 나의 成佛만을 위한 修道가 아니라
온전히 남을 위한 慈悲行을 할 때 成佛은 이룩된다는 精神이 大乘精
神인 것이다.

2) 初期의 大乘經典

大乘佛敎가 思想的으로 성숙해가고 있던 서력기원전 1世紀에서 후
3世紀까지의 사이에 수많은 大乘經典들이 나타났다. 初期 大乘經典들
의 주요한 것들은 般若經, 維摩經, 法華經, 阿彌陀經, 十地經 등이다.

初期의 大乘經典은 처음에 俗語로 전해진 것으로 추측된다. 뒤에
大乘運動이 각지에 퍼지게 되면서 經典의 用語로 산스크리트語가 採
用되게 되었다. 이는 그 時代의 社會的 추세에 따라간 것으로 그 結
果 經典의 權威가 높아지게 되고 그리하여 佛敎는 브라흐만敎의 諸
宗派와 哲學的, 宗敎的으로 대항하는 자세를 갖추었다.

① 般若部 大乘經典을 대표하는 般若經은 그 경전의 思想이 南에
서 北으로 보급해 가는 과정에서 극히 오래된 적은 부분에 대하여
새로운 부분이 차례로 追加되어 7世紀頃에는 一大叢書의 形態를 갖
추기에 이르렀다. 原型에 가까운 八千頌 般若에서 一萬八千頌, 二萬
五千頌, 羅什譯의 大品般若 十萬頌, 玄奘譯의 大般若波羅蜜多經(600
卷)까지 이른다. 반면에 그 정수만을 간추린 것으로 金剛經이 있고
가장 핵심적인 精粹만을 짧게 간추린 것이 바로 般若心經인 것이다.

有部의 法體有說을 批判하는 般若思想은 一切無所得 無所作으로 表現되고 이 經典에 실린 思想을 般若空思想이라 부른다. 空思想은 大乘佛敎의 基礎敎理로서 佛敎의 根本思潮를 이루었다.

有部가 法의 存在를 주장하고 있는데 대하여 法의 存在를 부정하고 모든 것은 空이라 規定한 것이 般若 空思想이다. 一切諸法이 空인 것은 一切諸法은 다른 것에 의해 조건지워져 成立하므로 고정적 실체적인 성격을 갖지 못한다. 그러나 우리는 그것을 實在로 생각한다. 곧 모든 事物은 無自性한 것이고 無自性한 것은 空이라고 밖에는 말할 수가 없다. 한걸음 나아가 空이라고 하는 것을 또 實體視하는 것마저 空이라고 부정해야 한다. 이러한 진리를 體得하는 일이 바로 無上正等覺이다.

② **法華經** 大乘佛敎가 小乘佛敎에 대해 공격하고 있지만 小乘의 敎說이 전혀 存在意義를 갖지 않는 것은 아니다. 그러한 敎說까지 포괄하여 원대한 하나의 이상을 제시하는 것이 法華經이다.

法華經은 鳩摩羅什譯의 妙法蓮華經으로 유명하며 특히 그 戲曲的 構成과 文學的 形式을 통한 표현은 佛典文學의 白眉를 이룬다.

佛敎敎說을 聲聞乘, 緣覺乘, 菩薩乘의 三乘으로 나누어 그 하나하나의 特徵을 말하면서 최종적으로 이 三乘은 方便에 지나지 않으며 결국 一乘에로 돌아간다는 것을 강조하고 있다.

③ **阿彌陀經** 大乘佛敎는 現世를 穢土라 하며 彼岸의 世界에서 淨土를 求하였다. 이러한 淨土에서 衆生을 濟度하는 분이 阿彌陀佛이고 그분이 계신 世界는 西方極樂淨土로 표현되고 있다. 이곳에서 西方으로 十萬億의 佛國土를 지난 곳에 極樂이 있어 누구든지 阿彌陀佛의 名號를 부르면 그곳에 태어날 수 있다는 가르침을 說한 것이 이 經典이다. 그러한 世界는 본래 法藏이라고 하는 菩薩이 衆生을 濟度하기 위해 四十八願의 誓願을 세워 이룩한 淨土인 것이다. 대표적인 經典은 阿彌陀經이지만 이밖에 觀無量壽經無量壽經과 함께 淨土三部經을 이루고 있다.

④ 華嚴經 이 經의 내용은 한마디로 설명하기 어려울 정도로 심오하고 그 量 역시 방대하다. 대개 그 趣意는 事事無碍의 法界緣起에 의하여 菩薩行을 설파한 것이다. 菩薩의 수행에는 自利와 利他의 두 面이 있으나 菩薩에게는 衆生濟度라는 것이 自利이기 때문에 自利卽利他이다.

특히 菩薩修行의 단계를 말한 十地品에서는 修行의 단계에 따라 마음이 十地의 과정으로 향상함을 말한다.

三界虛妄但是一心作, 十二因緣分皆依心이라는 귀절은 유명하며, 善財童子의 求道行脚은 주목할 만한 것이다. 그는 菩提心을 일으켜 菩薩行을 닦기 위해 南方을 여행하여 五十三人이 있는 곳을 방문하여 가르침을 청하고 마지막으로 普賢菩薩의 가르침을 받아 究境의 경지에 이른다.

이러한 經典들의 출현은 새로운 信仰運動에 발맞추어 大乘佛敎의 위치를 확고히 했고 前代의 小乘佛敎의 모순을 극복하였다. 특히 空思想에 입각한 새로운 佛敎解釋은 大乘佛敎의 기본적 교리로서 이후 佛敎思想을 새로운 차원으로 이끌었다.

空思想을 기초지운 대표적 인물은 南印度 출신의 龍樹(Nāgarjuna)로서 그의 中論頌(Madhyamaka-karika)은 部派佛敎가 지닌 오류를 결정적으로 논박하였다. 龍樹 이후 勝鬘經, 解深密經, 楞伽經 등이 나타났고 특히 解深密經의 唯識說(Alayarjñana)은 270∼480年 사이에 彌勒(Maitreya), 無着(Asaṅga), 世親(Vasubandhu) 등에 의해 체계적으로 정리된 사상으로, 龍樹의 空思想과 함께 佛敎思想의 2대 조류를 형성하는 학설이 되었다.

中觀思想과 唯識思想은 龍樹, 世親以後 유력한 學派를 형성하였고 7世紀에 이르러 두 學派는 印度 大乘佛敎의 주요한 학파로 군림하게 되었다. 그리하여 中觀學派는 龍樹 이래 佛護(Buddhapālita, 470∼540경)의 계통과 淸辯(Bāviveka, 490∼570경) 계통으로 나뉘었고 전자는 月稱(Candrakirti, 600∼650경)과 寂天(Śintideva, 650∼760경)

이 繼承하였으며 후자는 寂護(Sant araksita, 680~740경), 蓮華戒
(Kamalasila, 700~750경)가 繼承하였다.

唯識學派는 世親을 계승한 陳那(Dinnaga, 400~480경) 계통과 德慧
(Guna mati, 420~500 경)와 安慧(Sthiramati, 470~550경)의 계통으
로 나뉘었고 전자는 護法(Dharmapala, 530~561), 法稱(Dharmakirti,
643~673)이 繼承하였다. 이 시기는 불교사상 난숙한 발달을 보인 시
기였는데 이들은 불교 내부에서 상호간 활발한 논전을 벌였을 뿐 아
니라 外部의 힌두교나 쟈이나(Jaina)교와도 논쟁을 벌였다.

이 가운데 가장 중요한 龍樹와 世親을 살펴보기로 한다.

3) 龍樹와 中論

A. D. 3세기 南部 인도에서 태어난 龍樹에 의하여 大乘佛敎는 飛
躍的 發展을 하였다. 北部 인도가 항상 희랍과 中央亞細亞의 여러
民族의 侵攻으로 불안한데 비하여, 南部 인도는 안드라王朝 下에서
비교적 安定된 社會가 유지되었다.

데칸高原의 南端 비달바地方에서 태어난 龍樹의 前半生涯는 그 人
物의 偉大性으로 여러 가지 傳說的 逸話가 많다. 그의 主要 業績은,
첫째 中論을 著述함으로써 般若空思想을 論理的으로 展開한 것, 둘
째, 空觀의 辯證法으로 說一切有部의 有論을 철저하게 論破한 것, 셋
째 大乘經典을 위한 註釋書를 著述함으로써 大乘佛敎의 包括的 體制
를 樹立한 것 등의 세 가지로 요약할 수 있다. 이 밖에 國王을 위한
政治의 길을 說한 라트나발리(實行王正論)가 그의 大乘佛敎的 社會
觀과 政治觀을 보여 주고 있다. 그의 中論은 緣의 考察이란 이름으
로 第一章을 시작하면서 般若空의 理論을 展開하여 나간다. 그는 佛
敎의 根本原理인 緣起를 生滅, 去來, 一異, 斷常 등 네 가지 대립을
超克한 것이고 따라서 어떠한 固定的 見解에 執着 非論理를 철저하
게 攻擊하여 나간다.

그리고 그는 緣起와 無自性과 空의 세 관계를 等式으로 묶으므로 敎法의 實相을 說破하였다. 그러나 이 같은 경지는 본래 言語表現이 끊어진 領域이지만 衆生을 위하여는 아무래도 言語表現이 필요하므로 <假設言表>가 필요하게 된다. 이것을 그는 假施設이라고 하였다. 窮極的으로는 排除하여야 할 戲論이지만 方便으로 設定한 것이 假施設인 것이다. 言語表現을 超越한 窮極的 立場을 第一義諦(眞諦 勝義諦)라 하고 方便은 여기 대하여 俗諦라 한다. 龍樹는 第一義締에 의하여 모든 對立槪念을 부정하면서도 言表의 相對的 存在價値는 인정한다. 그리고 空은 眞諦와 俗諦의 二諦를 포괄하는 成立根據로서 이것을 有無의 二邊을 여인 中道라고 하였다. 中論이란 名稱은 이 中道에서 유래된 것이다.

龍樹의 위치가 너무 컸고 佛敎思想界의 巨星이었으므로 中國學者들은 그를 八宗의 祖師라고 推抑하였다. 그의 思想의 正統을 계승하고 空의 理論을 널리 宣布한 弟子는 역시 南인도 出身의 아리아데바(提婆)였다. 그의 批判이 너무 지나치게 날카로웠기 때문에 論敵의 칼에 암살되었다는 傳說이 있을만큼 그의 論調는 강렬하였다. 中國 論師들은 龍樹의 中論과 十二門論, 아리아데바의 百論의 세 論을 묶어 三論이라 하고 하나의 獨立 學派를 形成하였다.

4) 世親과 唯識學

A. D. 4世紀 初 北인도는 굽타王朝가 마우리야王朝에 견줄만한 版圖에 안정된 王國을 건립하였다. 佛敎를 外護하였던 굽타王朝는 5세기初 옛 마가다국의 서울인 라자그리하 가까이에 날란다 大僧院을 건설하고 佛敎學 振興에 이바지하였다. 당시 종합 대학의 면모를 갖춘 날란다 大僧院은 大乘 小乘學의 學問的 根源地로서, 모든 大家들은 여기를 찾아왔고, 따라서 굽타王朝의 모든 文化創造의 溫床이 되었다.

　그 후 7세기에는 하르샤 王의 後援을 얻어 더욱 隆盛을 보이고 있을 때, 유명한 中國玄獎이 날란다에 와서 14년간 唯識學을 수학하고 갔다. 玄獎의 기록에 의하면 날란다 大僧院에는 근 만 명에 달하는 學僧이 있었다고 한다. 오늘 날, 그 遺蹟은 옛날의 규모를 推測하게 해 주고 있다.

　굽타王朝의 佛教學은 意氣上昇하는 브라흐만 教學과 대결할 수밖에 없는 위치에 있었다. 그래서 브라흐만教가 사용하는 산스크리트語로 모든 佛典을 번역하는 일이 急先務였다. 굽타王朝의 公用語인 산스크리트語로 俗語 經典을 옮기므로 바라문 社會에 강한 영향을 줄 수 있었으나, 反面에 民衆을 위한다는 佛教의 基本的인 立場에 變化가 나타났다. 俗語를 사용하고 있는 民衆으로부터는 멀어져 갔다는 말이다.

　龍樹에 의하여 一次統合된 大乘佛教는 4, 5세기에 이르러 無着, 世親 兄弟에 의하여 새로운 방향으로 發展하였다. 諸法緣起 關係의 考察에 重點을 둔 龍樹의 中論에 의하여 똑같이 空思想의 立場을 가지면서 主觀에 力點을 두고, 마음의 本質 究明에 注目하는 것이 이 兄弟에 의한 새로운 學說이었다. 이것을 唯識學이라 부른다. 그리고 이 무렵, 華嚴經의 唯心想思과 淨土系의 佛陀觀이 融合되어 法·報·應 三身論이 나왔다.

　한편 마음이 곧 부처라는 立場에서 고찰하려는 如來藏 思想도 이 時代에 提起되었다. 마음의 自性은 본래 淸淨하다고 보고 佛智의 遍滿法身의 普遍性을 根據로 衆生은 다 如來의 안에 있는, 즉 如來의 胎兒라고 主張하므로 如來藏이란 말을 쓰는 것이다. 이 如來藏 思想이 더욱 확대되면 佛性의 遍在를 强調하여 一切衆生 悉有佛性이란 思想이 나오게 되었다.

　또 小乘學派에서 大乘學派로 轉向한 世親은 唯識論을 더욱 理論的으로 展開하여 外境의 非存在를 論破하였다. 그는 唯識二十論 唯識三十頌을 저술하여 唯識論의 綱要를 後學에 남겼다.

알라야識에서 敎法의 轉變을 論하는 世親의 입장은 龍樹와 함께 大乘佛敎學의 二大山脈을 形成하였다. 이후 인도 佛敎 思想界는 中論派와 唯識派로 크게 分類되어 陳那와 같은 훌륭한 學者와 論師들이 나타나 論爭과 討論을 거듭하면서 佛敎思想에 많은 業績을 남겨 놓았다.

5) 密敎와 佛敎의 衰退

印度佛敎가 中觀·唯識系統으로 발달되었으나 지나친 이론 불교화하여 宗敎的 열정은 감퇴되고 불교는 쇠퇴의 길을 걷기 시작했다.

7世紀 중엽에서 말엽에 이르는 시기에 또 한번 새로운 불교의 대두를 보게 된다. 곧 密敎의 발흥이다. 密敎思想은 부처님 당시부터 呪法으로 전해 오던 것으로 呪句·眞言(Mantra)·陀羅尼(Dhāraṇi)를 誦持하여 그것으로 마음을 통일하고 究境의 境地에 도달하여 佛이 되는 것을 목적으로 한 불교의 一派였다. 7世紀 中葉에 이러한 信仰이 종합되어 大日經·金剛頂經과 같은 문헌이 나타남으로써 密敎의 기초가 確立되었다. 密敎 역시 大乘으로 분류되고 있으나 大乘佛敎의 퇴영적 일면을 드러내고 있다. 8世紀 후반에 와서 이 密敎는 大衆化되고 동시에 힌두이즘의 저급한 儀禮를 도입하기에 이르렀고 타락적인 神秘主義와 결합되게 된 것이다.

이 密敎的 神秘가 性의 神秘와 結合될 密敎는 世俗的 墮落으로 加速하였다. 涅槃의 喜悅을 男女交合의 大樂에 비유할 때, 인도 佛敎는 密敎의 타락과 함께 걷잡을 수 없이 衰退의 길로 달렸다. 雪上加霜으로 이슬람敎徒의 인도 侵入과 支配는 佛敎에 致命的 철퇴를 加하기에 이르렀다. 그러다가 15세기頃 이슬람 侵攻에 의하여 한때 자취를 감추었던 다른 宗敎들은 다시 復興하였지만 佛敎는 그 發詳地인 인도 땅에서는 영영 다시 일어나지 못하고 말았다. 여기 대하여는 여러 가지 異論이 많을 줄 안다. 그러나 發詳地에서 자취를 감추고

佛教는 그 普遍的 敎理 때문에 中央亞細亞 東南亞細亞, 中國, 韓國, 日本 등으로 전파되면서 世界宗敎의 樣相을 띠게 되었다.

(5) 大乘佛敎의 意義

불교의 휴머니즘的 性格은 이미 世尊의 生涯를 통해서 드러나진 것이었다.

그 一例로서 우리는 三歸依라고 하고 佛敎의 信心告白을 들 수 있겠다. 그것은 「부처님께 歸依합니다. 眞理의 가르침에 歸依합니다. 僧伽에 歸依합니다」(歸依佛兩足尊, 歸依法離欲尊, 歸依僧衆中尊)로 되어 있는데, 얼핏 생각되기에는 神格化된 부처님께로 귀의하는 것 같이 보여진다. 그러나 이 삼귀의 가운데에서도 가장 핵심적인 부분은 역사적 인물이었던 부처님이라기보다는 그에 의해 발견되어졌고, 실천되어졌던 진리(法)라고 할 수 있을 것이다.

그러나 이러한 根本精神이 部派小乘佛敎를 거치면서 歪曲되어져서 붓다는 마치 全知全能의 絶對者인 것처럼 理解되고 말았던 것이다. 이러한 그릇된 理解를 바로잡으려는 運動이 바로 大乘佛敎의 根本理念이었다. 따라서 大乘佛敎에서 가장 두드러지게 言及된 것은 自覺의 必要性을 역설한 것이었고, 그 理想像이 菩薩이었다. 大乘佛敎에서 말하는 自覺이란 人間의 自己形成, 自己啓發이다. 그것은 본래 人間性에로의 회복을 뜻하며 人間性의 無限한 自由를 부르짖은 大乘運動은 東洋的 휴머니즘의 한 傳統이라고 評價될 수 있을 것이다. 타락된 人間을 본래의 제 모습으로 還元시키기 위한 활발하고도 진지한 努力은 大乘運動의 重要한 과제였다.

물론 大乘佛敎는 根本佛敎에 비해 볼 때 많은 敎理的인 變質이 있었음은 사실이다. 自力信仰의 强調는 密敎의 發達과 함께 오히려 他力的인 면으로 흘러간 적도 있었다. 그러나 大乘佛敎의 중대한 의의의 하나는 哲學的 敎理體系를 宗敎로 昇化시켰다는 점에 있다. 根本佛敎의 敎理는 다분히 哲學的이었다. 그것은 당시 印度思想界의 一般的 추세를 따른 것이라고 보여진다. 그러나 大乘佛敎에서는 涅槃·解脱·大覺 등 在來의 개념을 더욱 敷衍해서 설명함과 동시에 그것에 當爲를 賦與함으로써 宗敎的 의미를 浮刻시킨 것이다.

그러나 이곳에서 말하는 有神論的 경향을 반드시 唯一神에게 救援을 바라는 信仰 패턴은 아니다. 역시 根幹을 이루는 것은 自己의 智慧에 의한 깨달음의 完成이다. 따라서 그것은 자신의 지혜에 의해서 자기 자신을 救하는 인간이라는 생각을 버리지 않은 채 그러한 깨달음을 成就한 사람으로서의 부처님을 예배하는 것이다. 이제 釋尊은 스스로 神格化되기를 원하지 않았으면서 諸神 위에 君臨하는 그러한 存在가 된 것이다.

그러나 印度에 있어서의 大乘運動은 密敎의 盛行과 함께 서서히 쇠퇴하기 시작했고, 그것은 中國·日本·韓國 등 北方佛敎 文化圈에서 더욱 開花되었다. 反面에 小乘佛敎는 스리랑카·버마·태국·월남 등 東南아시아의 諸國家에 流布되어졌다.

제8장 六派哲學

(1) 상키야(Sāṃkhya)學派

상키야學派의 開祖는 카필라(Kapila, B. C. 350~250경)라고 전해
온다. 이 상키야學派는 音譯하여 <僧佉> 또는 語源을 따져서 <數論>
이라고 불리는데, 開祖의 弟子 아아슈리(Āsuri), 판챠쉬카(Pañcaśikha,
B. C. 150~50頃> 등이 學說을 組織的으로 體系化시켰다고 한다.

그보다 후에 바야르싸간야(Vyārṣaganya, 雨衆, 250~350頃)·빈
드바야바신(Vindhyavāsin, 4世紀頃) 같은 學者들이 登場해서, 특히
佛敎의 學僧들과 많은 論戰을 展開하였다. 그런데 이들의 著述은 거
의 大分部이 散失되었고 斷片的인 것들만이 전해 오고 있어, 그 初
期敎理의 全貌를 짐작하기는 어렵다. 現存하는 最古의 原典은 이슈
와라크리슈나(Iśvarakṛṣṇa, 自在黑 A. D. 4세기頃)가 지은 <상키야
頌>(Sāṃkhya-kārikā)이 있다. 이슈와라는 사실상 상키야 學說을 集
大成한 사람이기도 하다. 이 <상키야頌>에 대해서는 예부터 많은 註
釋書가 있다.

① <金七十論> (Suvarṇa-saptati), 眞諦三藏譯(6世紀 後半)

② Gaudapādabhāṣya(600~700頃)

③ Yuktidīpikā(700頃)

④ Sāṃkhya-vṛtti

⑤ Māṭharavṛtti(600~700頃)

⑥ Vācaspati ; Sāṃkhya-tattvakaumudī(800~870頃)

⑦ Nārāyaṇatīrtha ; Sāṃkhyatattvacandrikā,

⑧ Saṅkara ; Jayamangalā

상키야學派의 敎說은 古代 우파니샤드의 哲人이었던 웃다라카의 有論에 影響을 입었으나 그것을 批評的으로 改革하여 二元論으로 展開시킨 것이다. 웃달라카의 有論이 事物의 窮極的 實體로서 삿트 (Sat, 有)를 想定한데 비해 상키야學派에서는 實體的 原理로서 푸루샤(Puruṣa, 神我)와 物質的 原理로서의 根本的 原質인 프라크릿티 (Prakṛti, pradhāna, 自性)를 想定하였다.

푸루샤는 純粹精神(Ātman)이다. 그것은 모두 現象世界를 開展시킨 原理이다. 이 純粹精神은 實體的인 여러 개의 個我로 構成되어 있지만 그 本質은 즈냐(jña, 知)와 치트(Cit, ce tana, 思惟)의 作用이다. 푸루샤는 이것으로서 푸라크리트(根本原質)를 觀照하지만 그 自身은 非活動者(akartṛ)이다. 그것은 常住不變이며 純粹淸淨한 것이요, 生死도 輪廻도 解脫까지도 벗어난 絶對的 位置이며 槪念을 넘어선 超越的 實體인 것이다.

그에 비해서 푸라크리트는 質料因이다. 이것은 活動性을 가진 것으로서 純質(Sattva), 激質(Rajas), 翳質(Tamas)의 構成要素를 갖고 있다. 그것을 三德 또는 三屬性이라고 한다. 이 셋의 構成要素는 相互平衡의 관계를 유지하고 있다. 그러나 이 靜止的 狀態는 푸루샤 (純粹精神)의 觀照가 機會因이 되어서 激質의 活動을 일으키게 되는 것이다. 이러한 根本原質의 平衡狀態가 깨어지는 것을 開展 (Pariṇāma, 轉變)이라고 부르는데, 그때 根本原質은 最初로 根源的 思惟機能(Buddbi, 覺)을 발휘하게 된다.

붓디는 決智, 다시 말해서 確認作用을 本質로 하고 있는 精神的 作用을 가리킨다. 그런데 이것은 그 展開過程에서 보이는 바와 같이 푸루샤的인 作用이 아니라 프라크리트的 作用이기 때문에 根本的인 思惟機能이라고 하지만, 완전한 智慧의 作用이 아니라 分別作用이다.

이 붓디 가운데 포함되어 있는 激質이 開展을 일으키는 結果로 아함카라(ahaṃkāra, 我慢)가 생기게 된다.

아함카라는 自我意識이다. 自己에 執着하는 我執을 特質로 하고 있다. 그렇기 때문에 사람들은 늘 自己本位로 모든 것을 解析하려 하고, 事物에 대해서도 자기 것이라는 見解를 품게 되는 것이다. 自我意識은 원래 物質的인 붓디의 作用을 眞我라고 誤想하기 때문에 빚어지게 된다. 다시 말해서 根源的 思惟機能인 붓디와 純粹精神인 푸루샤를 同一視하는 데서 빚어지는 오류라는 것이다. 이러한 自己中心的인 自我意識의 誤想이 바로 輪廻를 일으키는 根幹이 되고 있는 것이다.

붓디는 자기 안에 포함되어 있는 激質의 힘에 의해서 다음의 둘을 創造한다. 첫째는 十一器官이다. 眼・耳・鼻・舌・身의 다섯 가지 感覺器官과 發聲器官・手足・排泄器官・生殖器官의 五行動器官, 그리고 意(manas)를 합한 十一器官이다.

둘째로는 다섯 가지 對象領域의 微細한 要素(tanmātra, 唯), 즉 聲唯・觸唯・色唯・味唯・香唯가 생기고, 이어서 그것들의 外界的 要素로서 空大・風大・火大・水大・地大의 五大가 생기게 된다. 즉 聲唯→空大, 觸唯→風大, 色唯→火大, 味唯→水大, 香唯→地大가 되는 것이다.

이상 列擧한 諸原理를 合하여 <二十五의 原埋>(25諦)라고 부른다.

純粹精神 푸루샤는 本來 純粹淸淨한 것이지만, 物質의 根本原質을 觀照하기 때문에, 生存하는 衆生들이 苦를 느끼게 되는 것이다. 純粹精神이 根本原質을 觀照하여 物質과 結合하기 때문에 輪廻가 있는 것이다. 根源的 思惟機能・自我意識・다섯 가지의 微細한 要素가 微細身(liṅga)을 形成하고 그것들은 肉體가 滅한 후에도 永續的으로 存在하여 輪廻의 主體가 되고 있는 것이다.

따라서 輪廻하는 苦痛을 벗어나기 위해서는 특별한 修行을 행하여 더럽혀진 푸루샤를 깨끗하게 해야 한다. 다시 말하면, 프라크릿트的

面을 벗어나서 푸루샤가 顯現되게 하는 것이요, 그래서 푸루샤가 그 本來的인 機能과 屬性을 發現시킨다는 말이다.

解脫을 얻기 위해서는 智慧에 의하는 方法과 實踐的 修練方法의 길이 있다. 解脫의 직접 原因이 되는 것은 智이다. 外的인 智는 베다 聖典의 知識을 말하고, 內的인 智는 푸루샤의 智이며 특히 解脫을 얻기 위해서는 內的 智를 必要로 한다.

수련을 통한 實修의 方法은 解脫을 얻기 위한 補助的 方法이며, 특히 요가의 修行을 권장하고 있다. 그러나 內的智와 수련을 通해 解脫의 境地에까지 이르른 사람이라 할지라도 死後에야 그 境地가 완전해진다고 볼 수 있다는 것이다. 왜냐하면 現世의 壽命은 前世의 業의 潛勢力의 結果로 빚어져서 이미 先天的으로 決定지어진 것이기 때문에 그 業의 消滅이 완전히 없어진 것이라고 보기는 어렵기 때문이다. 그 壽命이 다할 때 業의 뿌리는 자취를 감추게 되는 것이다. 生存해 있을 때 얻는 解脫의 狀態로 生前解脫(jīvan mukti)이라고 하고, 肉身이 滅한 후에 그 二元이 완전히 消滅해 버린 狀態를 離身解脫(Videha mukti)이라고 부른다. 그 境地는 純粹精神 푸루샤만이 獨存(Kaivalya)하는 狀態이며, 그가 가진 本來 固有의 純粹精神性을 發揮하는 狀態를 가리킨다.

(2) 요가(Yoga)學派

요가의 修行을 통해 解脫에 到達하려는 學派를 말한다. 根本經典은 요가 수우트라(Yoga sūtra)인데, 編纂者는 파탄쟈리(Patañjali)라고 傳한다. 그러나 現存하는 形態로 편찬된 것은 A. D. 400~450年경이리라 생각된다. 이 요가의 起源은 상당히 오래된 것으로서 印度文明의 成立 당시부터 存在했다고 생각되지만 理論的으로 體系化를 이룬 것은 역시 이 時期가 아닌가 생각된다.

　요가學派의 명상 修行은 佛教로부터 많은 影響을 받았지만 그 形而上學說은 대체로 상키야學派의 그것과 동일하다. 다만 상키야學派에서 認定하지 않는 最高神을 認定하는 것이 다를 뿐이다. 最高神은 하나의 靈魂이다. 그것은 永遠히 存在하는 것이며 더없는 威力과 完全性을 具備하고 一切를 支配하는 實體라는 것이다.

　印度에서는 아주 옛날부터 森林을 遊行하면서 靜坐冥想을 行하던 習俗이 있었다. 그 起源은 아마도 인더스 文明時代의 原住民 가운데서 찾아볼 수 있을 것이다. 처음에는 그러한 境地를 찾아 安樂을 求했던 것이지만 점차 後代로 내려오면서부터 宗教的 意味를 띠고 人間의 散亂한 意志를 制御하는 實踐法이 尊重되게 되었다. 즉 日常生活의 相對的인 動搖를 벗어나 絶對靜의 神秘境에 沒入함으로써 그 境地에서 絶對者와의 合一을 實現한다고 생각되었다. 이러한 修行을 行하는 사람들을 요긴(Yogin)이라 불렀고, 그 完成者를 무니(Muni, 牟尼)라고 불렀다. 무니는 <完成者> 또는 <沈默하는 사람>이란 뜻을 가진 말이다. 이리한 神秘的 境地는 다른 諸學派에서 論하는 解悅의 境地와 一致하는 것인데, 특히 상키야學派에서는 이러한 요가의 修行을 實踐法으로서 권장하고 있는 것이다.

　요가(Yoga)라는 말의 語源은 유즈(Yuj, <結合하다>)라는 뜻을 가진 말인데, 후에는 마음의 統一心 作用의 止滅이라는 의미로 規定되게 되었다. 이것은 外部的인 束縛을 떠나는 것만이 아니라 內部的인 마음의 動搖를 抑制한다는 뜻이다. 閑靜한 場所를 選定하여 靜坐한 다음에 呼吸을 고요히 하여 먼저 散亂한 마음을 바로잡고, 五官을 制御하여 外部的인 誘惑을 避한다. 그리고 마음을 한곳에 集中시켜 動搖를 막아 如如한 神秘境에 沒入한다는 것이다. 完成을 위한 準備的 條件으로서 制戒·內制가 필요한 것이다. 이러한 요가의 修行方法을 八實修法이라고 부른다.

　요가의 修行法은 요가 수우트라의 第二實修品 중, 身體的 修鍊法인 하타아(Hatā)요가에 자세히 說明되어 있다. 요가의 八實修法 중

第一 制戒(Yama) 第二 內制(niyama), 第三 坐法(āsana) 第四 調息
(prānāyāma), 第五 制感(pratyāthāra)의 다섯은 주로 身體的 수련을
위한 方法이기 때문에, 하타야(hatā)요가, 또는 크리야야(Kriyā) 요가
라고 부른다. 물론 身體的 수련이라 하더라도 精神과 分離된 것이
아니고, 요가의 目標인 삼매(三昧 Samādhi)를 目的으로 心身을 동시
에 수련하는 것이라고 理解해야 할 것이다.

第六 總持(dhāraṇi), 第七 靜盧(禪, dhyāna), 第八 三昧(Samādhi)의 셋은
이 修行의 根幹이 되는 精神的 수련으로서 라아자(rāja)요가라고 한다.

1) 制戒(Yama)

요가 修行者가 꼭 지켜야 할 規制이다. 不殺生(ahiṃsa), 不妄語
(Santya), 不偸盜(asteya), 不邪淫(bɪahmacarya), 不貪(aparigraha)의
戒인데, 이것은 어디서나, 또는 언제나 制限 없이 행해져야 한다.

2) 內制(niyama)

純潔(Sauca), 知足(Samtosa), 苦行(tapas), 學修(Svādhyāya), 神靈
에의 歸入(念神, Iśvara-pranidhāna)의 다섯이다.

순결은 自己 몸에 대한 壓惡感을 일으켜 남과 交接하지 않는 것으
로서 사트바(Sattva)의 淸淨, 喜悅, 心集中, 身體機能의 克服, 見性의
適性(ātma-darsana-yogyāta) 등이라고 說明한다. 따라서 肉體의 情慾
만을 抑制하는 것이 아니라 身體 內外의 貞潔도 들어간다.

知足은 心理的인 욕망을 대처하여 滿足의 결과 無上의 樂을 획득
하는 것이다. 苦行은 煩惱의 除去를 위한 修行 方法이다. 學修는 聖
呪인 <Om>이나, 聖典을 외는 일을 말한다. 神靈에의 歸入은 人格神
인 神靈을 對象으로 하여 거기에 歸入하는 方法이다. 여기까지 成就
하면 煩惱는 미약하게 된다(Kleṣatanūkarna). 그러나 煩惱의 根本인

無明의 뿌리가 너무도 길기 때문에 아직 완전히 滅하지는 못한다는 것이다.

이상과 같은 第二支까지는 生理的·心理的인 處理로서 窮極의 目的에 達하려는 倫理的인 準備단계라고 볼 수 있다. 禁戒의 制止的, 消極的인 것에서 다시 적극적으로 修行할 內制의 修行을 이룸으로써 드디어 三昧의 境地로 나아갈 준비가 완성되는 셈이다.

3) 調身(āsana)

坐法, 또는 體位法을 가리킨다. 요가 修行에서 제일 重要한 것은 姿勢이다. 왜냐하면, 心身의 不調和는 그 자세에 의해서 나타나는 것이기 때문이다. 調身은 쾌적한 意志로써 確固해야 하며, 너무 지나친 勤策을 하지 말고, 스스로를 無限大로 擴大시킬 때, 그 結果로써 對比를 超脫한다는 것이다. 요가 수우트라의 註釋家나 後世의 요가 文獻에서는 調身의 坐法으로 47種, 혹은 84種이 있다고 說明한다. 그러나 이것은 원래 두 가지 目的이 있는 것이다. 첫째는 冥想을 目的으로 하는 安定된 자세며, 둘째는 身體의 調整을 目的으로 하는 것이다.

冥想을 目的으로 하는 坐法에는 蓮華坐(padmāsana), 吉祥坐(Svastikāsana), 勇士坐(Virāsana), 獅子坐(Simhāsana) 등이 있는데, 佛敎의 禪에서 쓰는 結跏趺坐와 거의 같은 것이다.

신체 단련의 자세로서는 賢坐(bhadrā sana), 枚坐(dandā sana), 牛口坐(gomukha sana), 龜坐(Kuruma sana), 鷄坐(Kukkuta sana), 孔雀坐(mayū-rāsana) 등 수십 가지가 있는데, 이것들은 신체의 각 근육과 腺과 器官의 血行을 調整하는 것이다.

4) 調息(Prānāyāma)

呼吸을 고르게 하는 것인데, 根本 目的은 人間이 가진 潛在的 能力을 增强시키는데 있다. 다시 말해서 自己의 靈的인 內在力이 顯現된다는 말이다. 가장 重要한 것은 숨을 닫는 止息法(Kumbhaka)이다. 이것은 될 수 있는 대로 오랫동안 自己體內의 生命力을 잠재시킴으로써 宇宙의 生命力(prāṇa)을 충분히 흡수시키는 것이다. 인간은 이 프라아나를 空氣·植物·물·흙·日光으로부터 吸收하여 이것을 사용함으로써 살아 움직이고 있다고 생각하므로, 이것을 될 수 있는 대로 많이 흡수하는 것이 바로 심호흡이다.

이러한 단계를 거치면 드디어 가늘고 길게 호흡하여 호흡하지 않는 것과 같은 狀態로 들어가게 된다. 그렇게 되면 外的·內的의 對境(Visaya)을 超越하여 光輝(Prakāsa)를 가린 것은 止滅된다는 것이다.

5) 制感(Pratyāhāra)

調息까지의 네 段階를 거치게 되면 마음은 外界로부터의 感覺的인 자극을 超脫한다. 이 境地에 이르면 마음과 對境의 중간에 있는 身體機能(in-drya)은 對境과의 結合에서 超脫하여 마음 자신의 樣相 그대로와 같이 되어, 온전히 諸根을 統御(Vasyata)하게 된다. 이것이 制感이다. 이러한 統御는 修行의 結果 마음이 일정한 狀態에 도달하여 자기 스스로의 感覺의 影響을 超脫하게 되는 것을 말한다. 이렇게 하여 外界로부터의 자극에 의해서는 마음의 동요가 없게 되어 情意作用인 煩惱는 制御되고, 感覺作用을 일으키는 諸根(眼·耳·鼻·舌·身·啫手·足·排泄器·生殖器·心根)은 沈靜의 狀態로 돌아간다.

6) 總持(dhāranī)

이것은 마음이 어느 한 場所에 결부되는 것(desa-bandher)을 말한다. 意識이 表面에서 움직이는 思惟作用이나 觀念 등의 表象을 制御하기 위하여 어떤 對象을 향하여 意識을 集中한다. 그것을 오랫동안 持續하여 雜念을 除去하고 나면, 다시 깊은 體驗의 境地가 진전된다. 요긴(Yogin)들은 이러한 意識 集中의 對象으로서 心中에 아름다운 表象을 둔다. 이러한 觀法이나, 觀想의 意識集中이 持續되면 散亂한 四維作用은 中斷하게 되지만 아직 완전한 沈靜은 아니다. 또한 어떤 對象에 마음을 集中했다 해도 그 心理的 內容은 한결같지 않고 정도의 差異가 있게 되는 것이다.

7) 靜盧(dhyāna)

정려는 混雜한 表象이나 觀念이 아주 없어져서 드디어 마음이 하나의 대상에 집중하는 것을 가리킨다. 그것은 어떤 일정한 장소에 있어서 憶念하고 있는 對象과 결부된 意識作用이 한결같은 흐름이 되어 한 表象만이 마음을 占有하게 되는 것이다. 이것을 <같은 것의 흐름 (Sadṛsah pravāhah)>이라고 한다. 그러나 이러한 意識 集中의 狀態가 비록 高度의 境地에 이른다고 할지라도, 당사자의 마음속에는 아직도 자기가 그 對象에 머물고 있다는 自覺은 남게 된다. 즉 主觀과 客觀의 對立的인 意識이 완전히 끊어지지 않았다. 이러한 辨別이 殘存하는 限, 마음의 集中을 위한 努力의 意識이 아직도 있는 것이다. 이러한 努力 意識은 自我意識을 남게 한다. 이것마저도 完全히 消滅하여 그 對象이 전의식을 점령하게 되는 境地를 第八支의 三昧(Samādhi)라고 한다.

8) 三昧(Samādhi)

三昧는 主客이 融合된 狀態이며, 이러한 체험을 얻으며 새로운 世界가 열리게 된다. 一切事物의 모습은 변함없이 그대로이면서 전혀 다른 意義를 갖게 된다. 요가 수우트라 第三 自在品에서 論하는 <그 같은 상태에서 대상만이 빛나고 자신은 空虛와 같이 되는 것>의 경지에 이르게 되는 것이다. 이러한 三昧는 빛나는 叡智(Prajñā)뿐이다. 푸루샤(Puṛṣa. 觀照者: 眞我)가 나타나는 것도 이 상태이다. 이 상태에서는 모든 日常的인 心作用은 止滅되고, 心作用과 같은 樣相을 보이던 푸루샤는 本來의 性質에 確住하게 된다. 그러나 그 대상인 現象界의 事象은 푸루샤와는 관계가 없는 것이다. 이것은 요가의 形而上學的 敎理體系가 상키야와 마찬가지로 푸루샤와 프라크리트(Prakṛt)의 二元論을 主張하고 있음을 알게 해 준다. 日常生活에서는 이 두 原理가 結合되지만, 요가 수행을 통해 푸루샤가 分離되어 遊離狀態에 있게 된 것이, 곧 窮極의 目標인 獨存(Kaivalya)이다.

(3) 바이세쉬카(Vaiseṣika)學派

1) 敎祖와 聖典

바이세쉬카學派의 開祖는 카나아다(Kanāda, 別名 Ulūka, B. C. 150~50경)이며 紀元後 50~150年경에 편찬된 파다르타다르마상그라하(Padarthadha-rma-saṃgraha, 同義法要綱)가 根本聖典이다.

이 學派는 人間知識의 成立에 根本이 되는 것으로서 直接知覺(現量)과 推論(比重)을 인정한다. 다른 哲學學派에서는 베다를 비롯한 一般聖典의 權威를 認定하고 있지만, 바이세쉬카에서는 語常住論을 排斥하고 經驗을 통하여 일어나는 純粹한 知識만을 實體로 認定하고 있다.

2) 敎理

現象界의 모든 事物을 構成하는 原理로서는 여섯 가지가 있다.

① 實體(아트만, 마나스, 四大 등)
② 性質(實體의 諸作用)
③ 運動(上昇・下降 등 進行過程)
④ 普遍(有性)
⑤ 特殊(原子)
⑥ 內屬(實・德・業・同・異・和合)

實體는 다른 다섯 가지 原理를 所有하는 根本이다. 實體는 地・水・火・風의 四元素(四大), 虛空・時間・方角・아트만(我) 마나스(意) 등 아홉이다. 四元素는 각각 다른 性質을 가진 無數한 原子를 갖고 있다. 原子는 微細한 物質로서 둥근 모습을 갖고 있고, 不滅한 實體이다. 原子가 갖고 있는 본래의 性質대로 地에는 香氣, 水에는 맛, 火에는 色, 風에는 可觸性이 있다. 아울러 水에는 冷, 火에는 熱 등의 直接感覺이 있는 것이다. 原子가 結合하여 複合體를 形成한 것이 人間의 感官이며, 그것을 통해 얻는 知覺만이 참된 것이다. 原子의 最初의 運動이 일어나는 힘을 不可見力(adṛṣṭa)이라고 부른다.

諸原子는 이와 같이 現實의 自然 世界를 構成하여, 生成케 하는 根本因이다. 따라서 地는 香氣・맛・可觸性을 갖고, 水는 맛과 색과 可觸性・流動性(液體)・粘着性(潤氣)을 갖는다. 火는 色과 可觸性을, 風은 可觸性만을 갖는다. 實體 중의 <虛空>은 存在 運動의 場所로서 唯一・常住・遍在한 實體이다. 그 特有한 性質은 音聲이며 運動性이 있다.

<時間>은 認識主觀 가운데 前後・同時・遲速의 觀念을 成立시키는데, 그것은 唯一・常住・遍在・無活動을 特有한 性質로 가진다. <方角>이란 四方 四維이며, 認識主觀 가운데 前後・遠近의 觀念을 일으킨다.

아트만(我)의 存在에 대해서는 증명을 통해 밝힐 수 있다. 산 사람과 죽은 사람을 比較해 볼 때, 살았다는 것은 呼吸·生命·意志의 作用을 가졌다는 뜻이다. 일반적으로 인간은 知覺作用·快感·不快感에 대하여 欲求·嫌惡 등의 상대 개념을 가진다. 이것은 모두 人間의 知覺作用이니 삶의 本質에 아트만이 內在하여 活動하고 있다는 것 이외에 아무것도 아니다.

그러나 事物을 知覺해서 認識을 成立하게 하는 것으로서 마나스(意, Manas: 생각한다는 뜻)가 있다. 마나스는 物質的 實體로서 극히 빠른 움직임을 갖고 있다. 感覺器官이 對象에 對立하는 경우 그 對象에 대한 印象을 知覺하는 것이 마나스의 作用이다.

性質(Guṇa)에는 色·香·味·可觸性·數·量·別異性(別體)·結合(合)·分離(離)·그 물건·이 물건·知覺作用(覺)·快感(樂)·不快感(苦)·欲求嫌惡(欲)·意志的 勞力(動勉)의 17가지가 있다. 運動(Karman)에는 上昇·下降·收縮·伸張·進行의 다섯 가지가 있다. 普遍(Sām ānya)과 特殊(Visesa)는 서로 相對性을 가진 것인데 最上의 普遍은 有性이요, 反面에 極限의 特殊(勉邊)는 原子이다.

따라서 이러한 六原觀의 本性을 깨닫는 것은 至上의 幸福일 뿐 아니라 解脫이며 그 두드러진 課題가 生天이다. 그러면 六原理의 實體는 무엇인가. 그것은 三昧에 들 수 있도록 마나스를 조정하는 것이다. 三昧의 進入은 요가에 의해서 可能하다. 요가의 實踐을 통해 前生의 잠재력, 즉 不可見力을 없애게 된다.

바이세쉬카學說에 대한 註釋書로서는 다음과 같은 것들이 있다.

① Candrānarda (7C): Vṛtti
② Vyākhyā (12, 13C):
③ Sankaramisra (1400〜1450): Vaiseṣika-sūtra-upaskāra
④ Jayanārāyana (19C): Kanādasūtravivrti
⑤ Gangādhara Kaviratna Kavirāja (19세기)Bhāradvājavrtti-bhāṣya.

⑥ Candrakānta (19C末): Bhāṣya

이외에 西紀 450~500년 사이에 프라샤스타파이다(Prasastapāda)
가 <諸原理의 特質과 綱要 (Padārthadharma-Saṃgraha)>라는 책을
지었는데, 바이세쉬카 哲學을 組織的으로 論述하고 思想의 發展을
도모하였다. 이곳에는 종래 17가지로 列擧되는 <性質>이라는 實體
에 대하여 重(重體)·流動性(液體)·粘着性(潤)·潛勢力·不可見力(法
과 非法) 音聲의 일곱을 더하여 24性質을 想定하였다.

또한 知識도 다시 四種類로 나누어서 ①直接知覺을 얻는 知識, ②
推論을 얻는 知識 ③想起를 얻는 知識 ④聖仙의 直觀에 由來하는 知
識으로 나누고, 베다 聖典의 知識은 네 번째에 해당하는 지식이라고
主張하였다.

(4) 느야아야(Nyāya)學派

다른 諸學派들이 宇宙를 하나의 全體로서 理解하려는 瞑想的 修行方
法을 택하고 있는데 비해, 이 느야아야學派와 바이세쉬카(Vaiseṣika)學
派는 現象의 論理的이고도 科學的인 分析을 통해 眞理에 도달하려는
論理的이고 分析的인 方法을 표방하였다.

論理學의 硏究는 古代印度에서도 행해졌었고, 醫學書인 <챠라카
本集(Caraka-Saṃhitā)> 가운데 論理學에 관해서 論及한 一節이 있
다. 佛敎의 경우에도 <方便心論> 같은 책은 이러한 論理學 關係의
著述인데, 佛敎의 경우에는 論理學이라는 用語 代身에 因明이라는
말을 쓴다.

印度哲學의 諸學派 가운데 論理學에 관한 組織的이고 體系的인 硏
究를 集大成시킨 學派가 이 느야아야學派이다. 느야아야(Nyāya)란 말
은 원래 <理論>, <正理>를 뜻하는 말이었는데 後代로 내려오면서부

터 論理學的 研究의 一般을 指稱하는 말로 使用되었다. 合理的인 理論과 現象 分析을 통해 眞理를 探究(ānvīkskī)하려는 것이 이들의 目的인 것이다.

이 學派의 開祖는 고오타마(Gautama, 別名 Aksapāda 足目, 서기 50~150경)이며, 根本 所依經典으로서는 느야아야 수우트라(Nyaya-sūtra)가 있다. 이 책은 最近 學者들의 研究에 의하면 西紀 250~350年경 사이에 編纂된 것이리라 짐작된다. 또한 이 經에 대한 詳細한 註釋書로서 바아트샤아야나가 있어서 經의 趣意를 밝히고 있다.

느야아야學派의 敎說 가운데 形而上學에 관한 部分은, 대체적으로 바이세쉬카學派의 그것과 類似하며, 약간의 相違點이 있을 뿐이다. 認識의 對象(Vatsyāyana)에는 靈魂·身體·感官·感官의 對象·思考作用·內官(意)·活動·過失·死後의 生存·行爲의 果報·苦·解脫 등이 있다. 또한 世界의 構成과 主宰神(prameya)에 관해서도 바이세쉬카學派의 說明과 거의 동일하다. 즉 無數한 數의 原子는 옛날부터 지금까지 영원히 存在하는 것이며 不變不滅이다. 그 無數한 要素들이 모여서 自然世界를 成立하게 되는 것인데, 그 元素는 地·水·火·風 四大에 虛空을 포함하여 五大로 構成되어 있다.

靈魂은 身體나 感覺作用과는 별도의 것으로서 常住하는 存在라고 생각되었고 그 靈魂의 存在를 立證하기 위해 積極的인 論證을 펴기도 하였다.

이들에 의하면 人生은 苦痛스러운 것이다. 왜냐하면, 人間의 生存은 곧 人間의 活動을 뜻하는데, 人間의 活動에는 必然的으로 많은 缺點을 갖고 있기 때문이다. 貪欲·嫌惡 등이 일어나게 되는 根本的인 理由는 <그릇된 知(mithyājñāna)>에 말미암은 것이다. 그렇기 때문에 人間에게 일어나는 苦痛의 根源은 결국 <그릇된 知>로 말미암은 것이며, 그 究極의 根源을 밝힘으로써, <그릇된 知>가 아닌 <올바른 知>를 얻음으로써 人間의 解脫은 이루어진다는 것이다. 萬有의 眞實相을 認識하게 되면 苦에서 離脫하게 되고 解脫을 얻는다. 解脫

의 境地는 輪廻를 벗어난 것이고, 그 어떠한 束縛도 벗어난 境地로 묘사된다. 이러한 解脫의 境地에 到達하기 위해서는 戒律을 嚴守하고 요가의 修行을 닦아야 한다.

느야아야學派에서 특별히 中點的으로 說明하는 것은 認識方法이다. 올바른 知識을 얻기 위한 認識方法(pramāna)에는 네 가지 種類가 있다. ①直接知覺, ②推論 ③類比 예를 들면 물소를 說明한다고 할 때, 소를 먼저 說明하여 類比하고, 推論하는 경우, 그리고 물소라는 實物을 直接 가르치는 경우, ④信賴 베에다 聖典의 讀誦을 뜻한다. 그런데 미이마암사아學派에서 말하는 語常住論에 反對하는 것은 베에다안타學派와 마찬가지이다.

論證에 있어서 最初는 <疑惑(Samsaya)>이다. 疑惑의 解決을 위해서는 <動機(Prayojana)>를 必要로 한다. 그것은 目的이라고 理解해도 좋을 것이다. 다음은 그러한 面의 專門家뿐 아니라 萬人의 承認을 받을 수 있는 <定說(siddhānta)>을 誘導해야 한다.

<定說>에는 ①모든 學說에서 承認하는 定說, ②特殊한 學說에서 承認하는 定說, ③다른 事項을 포함한 定說, ④假說的인 定說의 넷이 있다.

또한 一般 論理學의 論爭에 해당하는 推論에는 區分 作法이라고 부르는 論式이 展開된다.

① 主張(宗): 저 山에는 불이 있다.
② 理由(因): 그곳에는 연기가 있기 때문이다.
③ 實例(喩): 어느 곳에건 연기가 있는 곳에는 불이 있다.
    例를 들면, 굴뚝과 같다.
④ 適用(合): 굴뚝에서는 연기가 난다.
⑤ 結論(結): 따라서 山에는 불이 있다.

(5) 미이마암사아(Mīmāṃsā)學派

1) 開祖와 所依經典

미이마암사아學派는 베다聖典 가운데 規定되어 있는 祭祀儀禮의 實行의 意義를 哲學的으로 硏究하여 統一的 解釋을 가한 學派이다. 學派의 開祖는 쟈이미니(Jaimini B. C. 200~100)이고, 그 學說은 짧은 文句로서 暗誦되어 전해 오다가 A. D. 100년 중 組織的으로 編纂되었다. 根本經典으로는 미이마암사아수트라(Mīmāṃsā-sūtra)이다. 그것에 관한 詳細한 註釋書로서 A. D. 550年경 브하아샤(Bhāṣya)가 著述한 『샤바라스바아민(Śabarasvā-min)』이 있다.

이 學派는 法(dharma)의 考察硏究를 目的으로 한다고 主張한다. 法은 베다聖典이 規定하는 祭式의 實行이다.

물론 祭式의 實行은 四姓階級 가운데 노예 계급인 最下層 수드라를 除外한 나머지 세 계급에게만 要求되는 것이고, 그러한 宗敎的 理想을 實現시키려는 데 目的이 있다는 것이다.

2) 敎 理

베다聖典의 絶對性을 論證하기 위해서는 먼저 聖語(Vāc)의 常住性을 認定하지 않으면 안 된다. 바아크는 宇宙의 變化·生滅을 超越하는 永遠한 實在이다. 바아크는 단순한 <말(語)>은 아니다. 音聲은 無常한 것이지만 바아크에는 音聲을 超越한 <意味>가 있다. 音聲과 意味를 結合할 때 <말>은 永久不變하게 된다.

베다의 大意는 크게 나누어 둘로 볼 수 있다. 첫째는 카르마 카안다(Karma Kānda)이고, 둘째는 즈냐아나 카안다(jñāna Kānda)이고, 前者는 祭祀實踐 義務의 實行面을 말하는 것이며, 後者는 梵과 我의 一如함을 밝히는 哲學的 面이다. 따라서 人間이 祭祀의 行爲를 할

때에도 義務的(nitya)으로 해야 하며, 選擇的(Kāmya)으로도 行해야
하는 當爲인 것이다. 特定한 祭祀를 實行하는 데는 選擇的·義務的
努力도 아닌 潛在力의 힘을 빌어야 한다. 그 潛在力을 神得力
(apūrva)이라고 한다. 이 神得力을 적절히 구사할 때 人間은 未來에
生天하는 繁榮(Abhyudaya)의 果報를 얻고, 福樂을 亨受한다.

(6) 베다안타(Vedānta)學派

1) 思想體系

베다안타(Vedānta)學派는 後代 印度의 哲學思想에 가장 많은 影響
을 끼친 哲學 學派였다. 베다를 비롯해서 브라흐마나 우파니샤드 등
正統 印度思想의 窮極이라는 의미에서 <베다안타>라는 이름이 붙여
진 것이다. 많은 學者들이 나타나서 베다 聖典 중에 意義不明했던
곳들, 특히 敎學上에 問題點들을 시작하여 여러 方面으로 說明함으
로써, 점차적으로 哲學的인 樣相을 띠우게 되었다.

베다안타學派에 所屬한 많은 學者들 가운데 가장 有名했던 사람으
로서는 쟈이미니 (Jaimini), 바아다라야나(Bādarāyana, B. C. 100~1)
가 있다. 쟈이미니는 앞에서 言及한 바와 같이 베다 聖典 중에 祭事
部(Karma Kānda)에 관한 것을 說하는 미이마암사學派의 開祖가 되
었고, 바아다라아야나 가베다안타學派의 開祖가 되었다. 베다안타에
서는 특히 知識部에 관해 詳細한 探究를 試圖하였다.

그러나 이 兩學派는 傳統 베다 思想의 兩面性을 계승했을 따름이
지, 별다른 分派의 조짐은 없었던 것인데, 解脫의 解釋問題 때문에
둘로 나눈 것이다. 즉 祭祀의 實行이 人生의 究極의 目的인 것은 同
一하지만, 解脫을 얻는 方法을 베다안타에서는 <知識>의 探究에 있
다고 본 것이다.

人生의 窮極의 目的은 解脫, 즉 梵과 我의 合一이다. 梵과 我의
合一은 밝은 智慧를 통해서 可能하다. 個我(我)와 最高式(梵)과의 관
계에 對해서 아아스마라트야(Āsmarathya, B. C. 3세기 ?)는 根本原
質의 전개 과정으로 보았다. 즉 그것은 불과 불꽃의 관계와 같다.
그러나 아우두로미(Audulomi, B. C. 3세기 ?)는 個我와 最高我는
다른 것이라고 보았다. 그들의 合一은 死後에 身體에서 個我가 벗어
남으로써 可能하다고 하였다.

베다안타學派의 根本經典 브라흐마·수트라(Brahma-sūtra, 혹은
Vedānta sūtra)는 A. D. 400~450년경 사이에 現在의 모습으로 編
纂된 것이며, 그 이전에는 이와 같이 諸解釋에 따른 諸說이 整理되
지 않은 채 그대로 傳受되었다.

梵은 事物에 內在되어 있는 根源的 힘이기도 하지만, 그것은 事物
을 生成시킨 絶對者이기도 하다. 그것은 純粹한 精神的 實體이며 人
格的 存在이다. 梵은 常住·遍在·無限·不滅의 存在이다. 梵은 萬有
의 生起·存續歸滅의 母胎이다. 이것을 梵의 質料因이라고 한다. 이
것은 梵이 意志的 存在임을 밝히는 것으로서 梵을 人格化 시킨 것이
라고 볼 수 있다. 동시에 梵은 質料因이다. 즉 梵은 自己 發展을 시
작해서 現象界를 顯現시킨다. 따라서 現象은 梵自體이다.

梵이 이와 같이 世界를 創造하고 人格的 活動을 開始하는 것은 梵
의 自意志에 따른 遊戱이다.

梵은 最初의 運動으로 虛空을 낳았다. 虛空은 風을 낳고, 風은 火
를, 火는 水를 水는 地를 낳았다. 이것을 五元素라고 한다. 이 虛
空·風·火·水·地의 五元素로서 現象世界가 생겨났다. 따라서 現
象世界는 다시 五元素로 歸入케 되는 것이다. 世界의 創造·存續·
歸滅의 過程은 無限이 繼續되는 輪廻이다. 이것이 無始以來 流轉되
어 온 宇宙의 秘密이다.

人生의 目的은 이러한 輪廻를 벗어나서 梵과의 合一을 이루는 것이
다. 밝은 智慧를 얻을 때 個我는 死後에 神路에 進入하게 되는 것이다.

後期 베다안타學派에는 많은 學者가 輩出되었다. 우파라사 (Uparassa, 약 450~500), 보디 야아나(Bodhyāna), 브하르트리프라 판챠(Bhartṛprapāñca 550경), 가우사아다(Gaudāda), 상카라(Saṃkara 700~750경) 등이 代表的 學者들이다.

2) 상카라의 不二論

상카라(Saṃkara)는 生滅年代가 정확치 않다. 南印度에서 태어났고, 캐시미르地方을 中心으로 佛敎徒들과 더불어 論爭을 벌였다고 한다. 그는 철저한 婆羅門 中心的 立場을 취했고, 그의 哲學體系는 아드바이타(Advaita. 不二論)가 根幹을 이루고 있다.
重要한 著述로는 다음과 같은 것들이 있다.

① Brahma-sūtra-bhāṣya
② Bṛhadāraṇyaka Upaniṣad bhāṣya
③ Bhagavadgīta bhāṣya
④ Pañcīkaraṇa

解脫은 明知의 證得으로서 可能하다. 智慧란 梵과 我가 둘이 아님을 깨닫는 것이다. 梵我一如는 이미 베다의 文獻을 비롯해서 우파니샤드 등에서도 强調되었다. 상카라는 梵 이외에는 어떠한 究極의 原因도 있을 수 없다고 하였다. 그 스스로를 不異說이라고 하였는데 이것은 상키야學派의 二元論을 否定한 것으로 볼 수 있다. 상카라에 의하면, 아트만이란 브라흐만의 一部分이고 따라서 그들은 不二의 관계에 있다는 것이다. 그러나 그것은 窮極的 立場에서 본 것이지 現象的인 立場에서는 아트만과 브라흐만은 구분되어야 한다. 왜냐하면 未確定된 名稱속에 內在되어 있는 아트만은 純粹智와는 本質的으로 다르기 때문이다. 따라서 梵과 我는 不一・不異의 形而上學的 實體이다.

이러한 思想傾向은 龍樹의 八不中道나 眞·俗 圓融의 理論 등에서 많은 影響을 입은 것으로 보여진다. 그러나 이러한 理論이 다분히 佛教的이기는 하면서도 그것을 佛教와 區分짓는 決定的 要素는 상카라에 의한 梵과 我는 모두 物質的 實體라는 점이다.

상카라의 이와 같은 婆羅門 中心的 不二論은 이후 印度思想界에 많은 영향을 끼쳐서 中世 이후의 印度哲學思想界는 거의 그를 추종하는 경향마저 보였다.

제9장 中世의 印度哲學思想

(1) 國家의 分裂

마우리야王朝가 몰락한 후 수세기 동안 分裂을 거듭하던 印度의 情勢는 西紀 3世紀경 챤드라굽타(Candragupta)라는 英主가 등극하면서 다시 統一國家를 이루었다. 챤드라굽타 1世는 西紀 330年 卽位하여 南北의 全印度를 征服하여 統一國家를 세웠다. 그것을 굽타(Gupta)王朝라고 한다. 굽타王朝 時代에는 古代文化의 정리기라는 印象이 있을 정도로 文學·哲學을 비롯해서 天文學 數學 등 多方面에 걸쳐 비약적인 發展을 이룩하였다. 六派哲學의 諸派를 비롯해서 婆羅門 教學의 整備로 힌두이즘이 萌芽되기 始作했다. 佛教도 융성한 發展을 이룩해서 大乘佛教의 開化期를 맞이하였다. 그러나 굽타王朝는 5世紀경부터 점차 衰退하기 始作하였다. 480年에는 후우나(Hūṇa, 匈奴)族이 侵入하여 굽타王朝는 沒落하였다. 이후 印度는 다시 四分五裂되어 政治的인 混亂狀態에 빠졌다.

北方 印度에는 하르샤(Harṣa Sīladitya, 戒日王, 606~647年 統治)王이 등극하여 曲女城 (Kānyakubja, Kanauj)에 都邑을 定하고, 文運을 興降시켰다. 하르샤 王 自身은 文人으로서 戱曲을 짓기도 하였다. 그 당시의 인도 실정에 관해서는 官廷詩人 바아나(Bāna)가 쓴『하르샤 왕 이야기(Harṣacarita)』와 玄奬三藏의 旅行記『大唐西域記』안에 비교적 자세히 記述되어 있다.

하르샤 王의 沒後 印度는 다시 分裂狀態에 빠져 들었다. 그 당시

의 제법 勢力을 가졌던 國家로서는 데칸高原을 中心으로 한 챠루키
아(Cālukya)王朝, 南端의 팔라바(Pallava)王朝 등이 있었다. 考古學者
들의 硏究 결과에 따르면 이 당시에는 金屬加工技術이 高度로 발달
했고, 완벽한 灌漑施設을 갖춘 文化를 누렸다고 한다.

匈奴族의 侵入 이후 11世紀 回教徒의 侵入이 있기까지 600여 년
동안은 群小國家의 興亡成衰가 되풀이되었고 中央集權的 統一國家가
形成되지는 않았다. 이 時期의 全般的인 특징은 貨幣經濟의 문란으
로 말미암은 商業主義의 몰락이다.

이러한 여파 때문에 商業資産家들의 支持를 얻었던 佛教나 쟈이나
教는 점차 쇠퇴해지고, 農村社會의 기반을 갖고 있던 傳統 婆羅門教
는 점차 그 勢力을 擴張하게 되었다. 哲學史를 보면, 이 時代에는
새로운 思想이나 哲學體系가 나타난 것이 아니라, 이미 前代에 成立
되었던 諸學派의 教說이 教理로 確定되면서 점진적이고 繼續的인 發
展을 해가고 있었다. 佛教는 民間信仰으로서 傳受되던 山岳 崇拜나
唯一神 信奉 등을 攝取 融合하여 密教를 形成하면서 傳播되어 가고
있었다.

(2) 쉬바(Śiva)教의 諸派

1) 카쉬미르의 쉬바派

9世紀 前半 카쉬미르에서는 不二一元論의 영향을 받고 쉬바教의
一派를 形成하였다. 이 宗派는 쉬바教 聖典(Sivāgama)을 尊崇하였는
데, 쉬바聖典은 이 時代에 이미 64種이 있었다. 825年에 바수굽타
(Vasugupta)라는 學者가 나타나서 여러 聖典을 要約한 쉬바수트라
(Śiva-Sūtra)를 편찬하였다. 그의 弟子 브하타 칼라타(Bhatta-kallata)
는 스판다카아리카아(Spanda-kārikā)를 지어서 스승의 教說을 體系

化하였다. 900年경에는 소마아난다(Somānada)가 쉬바드스티리(Siva-trsti, 쉬바의 徹見)를 지어서 人間에 內在한 個我는 쉬바와 동일한 것이라고 主張하였다. 後代 學者들은 소마아난다의 學說을 <再確認 說>이라고 불렀다.

이 學派에서는 絕對 有一의 存在로 쉬바神을 想定하였으며, 敎理 體系는 상키야學派의 영향을 입은 것으로 보여진다. 그러나 이 世界 는 虛妄한 것으로서 쉬바神의 自由意志만이 참된 것이라고 보는 점 이 不二一元論과 다른 점이다. 그들은 상키야學派가 세운 二十五原 理(25諦說) 위에 11原理를 첨가 三十六 原理說을 提唱했다. 絕對者 파라마쉬바(Parama-śiva)는 ① 純粹知를 갖추고 ② 純粹力인 性力 (Śakti)과 對立한다. ③ 다음에 삿다아쉬바(Sadāśiva)의 단계에서 神 스스로가 <나는 있다>라는 意識을 나타내고 ④ 다음에 아이슈바라 (Aiśvara)의 단계에서 尊嚴의 感情을 일으키고 ⑤ 삿드 비드야 (Ṣad-Vidya)의 단계에서 自己 속에 있으면서 나타나는 萬物을 自己 와 同一視하게 된다. ⑥ 다음에 그 萬物을 主觀으로 包攝하는 意識 이 점차 희박해지고, 自己에서 創造된 諸觀念이 自己를 떠나 獨立하 는 妄想(Māya)을 일으킨다. 그 結果 絕對神은 制約을 받게 되는데 그것을 5種의 束縛이라고 한다.

① 時間
② 必然
③ 愛執
④ 有限한 知
⑤ 有限한 力

이로써 그릇된 個我가 根本原質(Prakṛti)과 對立함으로써 차례차례 23諸原理가 生成된다는 것이다.

이 宗派는 후에 아비나바굽타(960年頃 활약)라는 大宗師가 나타나

서 40著書를 남기는 등 教勢를 확장하였지만, 回教徒의 侵入으로 많
은 카쉬미르人들이 回教로 改宗함에 따라 그 基盤을 잃고 말았다.

2) 샤이바 聖典派

쉬바神을 讚嘆하는 쉬바 聖典(Śivāgana)은 28種이 있고, 이것을
信仰으로 삼는 學派를 샤이바聖典派(Śaiva-Siddhānta)라고 한다. 슈
리칸타(Śrika-rtha)가 12世紀경 쉬바수트라에 註釋을 加한 <샤이바
브하샤(Śaiva-bhā-sya)>가 根本經典이다.

샤이바聖典派는 南方印度를 중심으로 發展되어 왔는데, 自派의 63聖人
이 있다고 하였다. 특히 南印度의 寺院에는 세 사람의 像을 모셨는데, 그
것은 아파르(Appar, 7 世紀), 티루 즈냐아나 삼반다르(Tiru-jñāna-
samban-dhar, 7 세기), 순다라무우르티(Sundaramūrti 8~9세기)의 셋이
다. 10世紀 경에는 다시 마아니카바아챠카르(Mānikkavācakar)라는 詩人
이 登場해서 多數의 抒情的 宗教詩를 남겼다.

이들은 主(Pati)·家畜(Pasu)·索繩(Pāsa)의 三原理를 認定한다. 그
것은 主宰神인 쉬바·個我·非精神的인 物質을 상징하는 말이다. 이
셋은 永遠히 實在하는 것인데, 그들 중 뒤의 둘은 主宰神을 떠난 狀
態라는 것이다. 그러나 여전히 쉬바神에 의존하여 物質的 現象界를
이루고 있다. 個我는 無知(ānava)·業(Karmar)·迷妄(māga)의 셋에
의한 束縛을 당하고 있다. 쉬바神의 은총만이 束縛을 除去할 수 있
다. 解脫의 길은 永遠한 知識의 습득, 行動力, 그리고 無所有로서 可
能하다. 解脫을 얻는 자는 自己의 本來 個性을 되찾아 最高의 福樂
을 享受한다고 했다.

3) 獸主派(Pāsupata)

샤이바聖典派와 哲學的으로 密接한 關係를 가진 獸主派는 修行에

力點을 둔 宗派이다. 身體를 灰로 칠하고, 여러 사람 앞에서 웃거나, 춤추는 등의 修行方法이 권장된다. 그것은 世人의 嘲笑·輕蔑 등을 얻기 위해 故意로 行하는 苦行이다. 奇行을 통해 받는 嘲笑는 解脫을 얻는 捷徑임을 强調한다.

4) 탄트리즘(Tantrism)

이들은 性力派라고 부른다. 쉬바神의 妃인 두르가아(Durgā)·카알리이(Kāli)를 尊崇한다. 탄트리즘의 聖典 탄트라(Tantra)는 64種이 있다고 하는데 거의 없어졌다.

그들은 永遠한 最高實在를 쉬바라고 想定하고, 그 活動力(Śakti)을 性力이라고 보았다. 쉬바의 活動力 中 性力은 萬有의 根源이다. 全世界는 이 性力으로 말미암아 展開되었다. 그 神秘的 靈力은 男女關係에서도 認定되었다. 後代에 이르러서 이것은 더욱 儀式主義的 경향을 띠었다. 카아리이 女神에게 犧牲獸를 供養하는 儀式·魔法呪의 活用 등이 그것이다. 이들은 수드라 등 社會 下層階級에 주로 敎勢를 갖고 發展되었다.

(3) 비슈누(Vishuṇu)敎의 諸派

비슈누(Vishuṇu)敎에도 諸宗의 流派가 있었는데 600년 이후 서서히 諸說이 정리되었다. 판챠라아트라상히타아(Pañcarātrasaṃhitā)라는 聖典이 成立되었는데, 本集은 108이지만 실제로는 이보다 더 많다. 그 內容은 쉬바敎의 탄트리즘的 영향을 받은 것으로 보인다. 비슈누와 性力은 世界를 展開한 最初의 原因이다. 現實的으로 證得되는 解脫의 果報는 苦에서의 解放이다. 이 學派도 역시 下層階級에 침투하여 敎勢를 확장하였다. 9세기경에 아알바아르(Ālvār)라고 부르는 宗敎 詩人이 나타나서 비슈누敎의 寺院을 歷訪하면서 讚嘆詩를 남겼다.

(4) 回敎徒의 侵入과 佛敎의 滅亡

6世紀 이후부터 印度에는 外部의 侵略이 잦았다. 匈奴族은 이 時期에 나알란다에 있는 佛敎大學과 寺院을 파괴하였고, 8世紀 때는 回敎徒의 侵入으로 또다시 佛敎는 受難을 겪었다. 回敎徒들은 通商路를 따라 西北印度를 빈번히 侵入하였는데, 11世紀경에 이르러 마흐무으드(Mahmūd)에 의한 大侵攻이 있었다. 그 遠征을 隨行한 알베루우니이(Alberūhī)는 詳細한 記錄을 남겨 당시의 참상을 알게 하는 貴重한 資料로 남아 있다. 回敎軍은 1205年에 인더스流域과 갠지스江에 이르는 北印度의 一帶를 장악하고, 특히 佛敎를 迫害하여 寺院·遺蹟 등을 철저히 破壞하였다. 1206年에는 將軍 쿠트불 디인 아이바크(Kutbud dīn Aibak)가 自立하여 印度에 政權을 세웠다. 그것을 奴隷王朝(1200~1290)라고 부른다.

1221年에는 징기스칸(Chingis Khan)의 軍隊가 인더스江까지 침입하였고, 1398年에는 티이무르(Tīmūr)가 侵入하였다. 특히 티이무르의 侵略 때 입은 피해는 극심하였다. 5日간의 약탈로 十萬名을 虐殺하고, 故國의 首都를 建設하는 데 필요한 技術者·奴隷·財寶 등을 약탈하였다. 그의 五代孫인 바아부르(Bābur)는 1526年에 무갈(Mughal, 蒙古)帝國을 建設하였다. 이 王朝는 아크바르(Akbar, 1542~1605)에 이르러 全印度를 征服하였고, 자기 스스로를 皇帝라 부르며 神과 同格化하기도 하였다.

이 時代에 이르러 傳統的 印度의 諸思想은 현격한 變化를 보이기 시작하였다. 北方地域이 回敎徒에 의해 장악됨으로서 印度北部에는 자연히 回敎가 盛行되었고, 南部에는 아직 印度的 宗敎가 남아 있기는 했지만 이도 많은 變化를 겪게 되었다. 이 時代의 佛敎는 이미

表面的으로는 극심한 탄압으로 자취를 감추었다. 그러나 內部에서는 佛典의 註釋的 硏究가 계속되었고, 또 다른 한편으로는 異質的인 回敎에 對抗하기 위하여 佛敎가 印度傳統文化와 일치한다는 諸哲學과의 融合現象이 일어나게 되었다. 이것은 印度에서 佛敎가 滅亡하게 된 주요한 原因이 되었다. 佛敎의 滅亡 原因은 다음과 같은 몇 가지 理由로 要約될 수 있을 것이다.

첫째, 外部의 武力的이고, 야만적인 侵略에 대해 平和主義를 固守하던 佛敎는 밀려날 수밖에 없었다. 部派·小乘時代뿐 아니라 大乘佛敎가 대두되면서도 印度佛敎는 번쇄적인 學問 佛敎의 탈을 벗지 못했었다는 것이 致命傷이 되었다.

둘째, 倫理的인 制約을 받는 佛敎에 비해 브라흐마니즘·回敎·힌두이즘 등의 승려 수는 점차 늘어갔다. 이것도 역시 印度佛敎의 은둔적 경향으로 말미암은 것이다.

셋째, 브라흐마니즘을 비롯한 諸宗敎에서는 唯一神的인 權威로서 聖典이 속속 편찬되었으나 佛敎에서는 聖典의 편찬이 늦었고, 그것은 信徒들을 敎育시키는데 많은 지장을 招來하였다.

넷째, 佛敎가 在來宗敎와의 習合을 꾀함으로써 힌두이즘은 佛敎까지를 包容하여 傳統的인 單一宗敎로 成長하였지만, 佛敎는 結果的으로 그것에 흡수되어 버리고 말았다.

다섯째, 社會的으로 經濟的으로 不安이 지속되면서 一般民衆들간에는 最高神에 대한 信仰이 強調되었는데 비해, 佛敎에서는 唯一神을 認定하지 않고 있기 때문에 점차 敎勢가 弱化되었다.

이러한 여러 要因들 가운데에서도 가장 중요한 것은 힌두이즘이 佛敎를 包容하게 되었다는 사실이다. 韓國·中國·日本 등의 경우 佛敎 受容태도는 國家的이라기보다는 理念의 普遍性에 더욱 역점을 두었다. 그러나 印度의 경우 그것은 外來宗敎가 아니라 土着宗敎였기 때문에, 어느 종교가 더욱 印度的인 것이냐 하는데 대한 關心이 高潮되었고, 그 結果 가장 印度的이라고 볼 수 있는 힌두이즘이 餘

他의 思想 體系를 모두 흡수하기에 이른 것이다.

(5) 諸哲學의 客觀的 研究와 集成

中世 印度 哲學界의 一般的 경향은 自派만의 우월을 主張하는 태도
가 아니라 他派와의 融合을 모색한 점이라고 할 수 있다. 따라서 學問
의 態度도 客觀的이었고, 그 結果로서 많은 註釋書들이 생겨났다. 13,
4세기경에 集成된 重要한 著述로서는 다음과 같은 것들이 있다.

① 하리브하드라(Haribhdra) 『六派哲學集成(Saddar-Sana-samuccaya)』
② 마아드하바(Mādhava) 『全哲學綱要 (Sarvadarśanasaṃgraha)』
③ 마두수우다·나사라스바티이 『種으로서의 道(Prasthānabheda)』

13世紀에는 강게샤(Gaṇgeśa)라는 學者가 나타나서 新느야아야
(Nyāya)學派를 創設하였다. 그의 방대한 主著 『탓트바친타아마니
(Tattvacintā-manī)』는 종래 주장하던 四知識 根據를 가지고 一切現
象을 包括的으로 論及한 것이다. 후에는 주로 推論의 微細한 점을
論爭의 對象으로 삼았다. 15世紀에 이르러 바아수데바·사아르바브
하우마(Vāsudeva Sārvabhauma)라는 學者가 이에 관한 註釋書를 지
었다.
16, 7世紀에 들어서는 傳統 六派哲學의 확연한 區分이 거의 없어지
고 서로 融合하는 경향이 더욱 확대됨으로써 많은 入門書가 생겼다.

① 안남 브하타(Annaṃ Bhaṭṭa, 十六世紀末) 『타르카상그라하
    라Tarkasaṃgraha』
② 라우가아크시 브하스카라타(Laugākṣi-Bhāskara) 『타르카 카우무
    디이(Tarkaka-umdī)』

③ 비슈바나아타 · 판챠나나(Visvanātha Pañcānana, 十七세기初), 『브하아샤아 파리체다(Bhāṣapariccheda)』

④ 케샤바미슈라(Keśavamiśra), 『타르카브하아샤아(Tarkabhāṣa)』

⑤ 바라다라아쟈(Varadarāja) 『타르키카라크샤(Tārkikarakṣa)』

⑥ 아아파세바(Āpadeva, 17세기 初) 『미이마암사아 느야아야 프라카이샤(Mi-māmsā-nyāya-prakāṣa)』

⑦ 라우가아크씨 · 브하스카라(Laugākṣi-Bhāskara) 『아르타상그라하(Artha-Saṃgraha)』

⑧ 크리슈나야즈반(Kṛṣṇayajvan) 『미이마암사아 파리브하아사아(Mimāṃā-Paribhāṣa)』

⑨ 브하아라티이티이르타(Bhāratītītha), 마아타바(Mādhava) 共著 『판챠다쉬이(Pañcadaśī)』

⑩ 삿다아난다(Sadānanda) 『베다안타사아라(Vedāntasāra)』

⑪ 다르마와아쟈(Dharmarāja) 『베다안타파리브하아싸아(Vedānta-Paribhāṣā)』

⑫ 헤마칸드라(Hemacandra) 『요가샤스트라(Yoga śāstra)』

回教徒의 侵入은 印度의 文化 · 思想 · 風俗 등 多方面으로 많은 영향을 끼쳤다. 특히 回教語의 영향을 받아 우르두우(Urdū)語가 成立된 것은 特記할 만한 일이다. 前時代에 비해서 새로운 思想家가 輩出된 것은 적었지만 近代的 思惟에로 轉換하는 새로운 움직임들이 서서히 싹트고 있었다.

(6) 라아마아누쟈(Rāmānuja)의 制限不二論

라아마아누쟈(Rāmānuja, 1017~1137)는 南部印度의 東海岸 칸치이푸라<Kāñcīpura, Conjeeveram)라는 곳에서 태어났다. 그곳은 옛부터 聖人이 出現할 곳이라고 尊崇받던 地域이었다. 라아마누우쟈는 制限不二論(visistād-vaita)을 主張하였다. 太初에는 森羅萬象을 創造한

唯一神이 있었다. 그는 萬物을 創造했고, 다스리는 主宰神이다. 그를
바가밧(Bhagavat), 또는 바아수데바(Vāsudeva)라고 불렀다. 그는 無
數한 美德을 갖춘 永遠한 存在이며, 人間이 가진바 個我와 동일한 것
이다. 그것을 깨닫지 못하기 때문에 人間은 流轉輪廻를 거듭한다. 最
高神에 대한 순수한 信仰만이 迷惑을 벗어나는 길이다. 最高神의 身
體는 世界創造 이전부터 微細한 物質로서 存在하였다. 이러한 可能的
狀態가 最高神 가운데 潛在하여 있기 때문에 世界創造가 이루어졌고,
雜多한 現象界가 展開된다. 個我는 바로 神性이며 認識하고 行爲하는
主體이다. 만약 인간들이 이러한 神과 人間의 관계를 앎으로서 熱烈
한 信仰心(bhakti)을 가지고 主宰神에 대하여 歸依・祈念의 行爲
(Prapatti)를 實踐한다면, 神은 恩寵을 베풀어서 解脫을 얻게 해준다.

13世紀경 라아마누우쟈의 學派는 北方의 바다가라이(Vadagalai)派
와 南方의 텐가라이(Tengalai)派의 둘로 나뉘었다. 그들 중 특히 텐가
라이派는 俗語로 聖典을 편찬함으로써 한층 民衆 속에 파고들었으며,
最高神의 恩寵을 强調함으로써 상당히 道德的인 경향을 띄운 宗敎로
發展되었다.

이 學派는 물론 우파니샤드의 梵我一如思想을 繼承한 것이지만,
특히 有神論的 경향이 강한 것이 특징이었다.

(7) 마디바(Madhva)의 多元論的 實在論

마디바(Madhva, 1197~1276)는 南印度의 西海岸 地方에서 태어났
다. 그는 二元論(dvaita)을 標榜하고 多元論的 實在論을 提唱하였다.
人間의 意識의 出發은 二元論 知覺에 있다고 보았다. 즉 <이것은 저
것과 다르다>라는 知覺이 있기 때문에 靑色・黃色 등의 區分이 있
게 된다. 이것을 別異性(bheda, 差別相)이라고 했으며, 그것이 事物
의 本質이다. 最高神도 多數의 個我도, 物質世界도 모두 眞實한 實在

며, 그것들은 永遠不滅한 實在性을 갖고 있다. 그들 相互간에는 그들 나름대로의 因果律에 얽혀 있는 것이다. 따라서 事物은 多元的 特性을 가진 것이다. 主宰神은 美德을 갖춘 最高의 存在이며, 다른 것들은 그것에 依存해 있다. 個我는 最高神에 대해 복종하고 奉仕해야 하는 종속적 存在이다. 解脫은 人間의 自意志가 아니라 神의 恩寵에 의해서만 可能하다. 人間이 神의 恩寵을 받기 위해서는 知識이 必要하다. 事物을 考察하는 바른 知識이 必要한 것이다. 태어난 存在, 앞으로 태어날 存在들은 세 種類의 運命으로 豫定되어 있다. 제일 첫 번째 種類는 解脫에 到達할 運命이며, 두 번째 種類는 영구히 流轉 輪廻하는 生活에 빠져들 運命이며, 세 번째 種類는 地獄의 闇黑에 떨어질 運命을 타고난 것이다.

이 學派는 대체로 印度 在來 외 神들을 모두 認定하고 있지만, 그 중에서도 특히 風神이 가장 尊崇을 받았다. 다른 神은 風神의 權化를 입어서 神格을 維持하는 것이라고 보았다.

마디바學派는 南方印度에서 그 敎勢를 擴張하였다.

(8) 기타 諸哲學派의 變貌

1) 님바아르카의 不一不異說

님바아르카(Nimbārka, 14세기경)는 傳統 베다안타 學說의 立場에서 베다안타수트라를 註釋한 『베다안타·파아리쟈아티·사우라바 (Vedānta-parijāti-Saurabha)』를 著述하여 一學派를 形成했다. 그는 브라흐만과 個我와는 不一不異(bhedā-bheda) 라고 主張하였다. 브라흐만이 展開되어 世界를 이루었지만, 現象世界는 實在性을 가졌다고 보았다. 解脫에 이르기 위해서는 다섯 가지의 修行法(Sādhana)을 닦아야 한다. 그것은 行(Karman), 知明(Vidya), 念想(Upāsakā), 最高神에

歸依하는 것(Parpatti), 스승에게 歸依하는 것(Gurūp satti)이다.

그의 弟子 슈리이니바아사(Śrīnivasa)는 스승의 著述에 대하여 다시 後註를 붙여서 『베다안타·카우스투바(Vedānta-Kaustubha)』를 著述하였다.

2) 링가아야타派

1160년 바사바 (Basava)는 비이라 샤이바(Vira-Śaiva)라는 學派를 創始하였다. 그들은 링가(liṅga, 男性의 生殖器)를 崇拜하였기 때문에 링가 아야타(Liṅgāyata)派라고 불리기도 한다. 링가는 곧 最高 實在를 象徵한다. 生殖器의 숭배는 古代人들에게는 거의 共通된 現象이며, 특히 印度人의 경우에는 그 起原을 인더스 文明時代에까지 소급할 수 있다. 그것이 宗教體系와 組織을 가지고 後世에 傳承된 것이라고 볼 수 있다. 그 學派의 所依經典으로는 슈리파티(Śripati, 약 1400년)가 지은 『슈리이카라브하아샤(Śrīkarabhāsya)』라는 책이 있어서, 敎理의 基礎體系를 밝혀주고 있다. 쉬바神은 자신의 可能力으로 一切의 現象世界를 成立시켰다. 쉬바神의 可能力이란 샤크티(Śakti, 性力)이다.

그러나 쉬바神은 萬物을 創造함으로써 分裂을 한 셈이며, 그 分裂을 통해 자신의 女性原理를 喪失하였다. 따라서 女性 原理와의 合一을 이루는 것이 쉬바의 本願이고, 人間의 解脫이다. 解脫을 얻기 위해서 다시 말해서 女性原理로 되돌아가기 위해서는 動的이고 男性的인 과정을 통해 사물을 이해하는 것이 必要하다고 하였다.

3) 回敎思想의 印度的 受容

印度北部의 경우 10世紀 이후 南部의 경우에는 10世紀 回敎의 강한 影響을 받고 있었다. 回敎徒들은 그들의 超民族的인 氣質로 말미암아, 印度 固有의 思想家들과 많은 交涉을 가졌고, 그것은 직접적으로 回教의 變質乃至는 印度的 展開가 이루어지는 原因이 되었다. 당시 回教는 주로 印度의 下層身分을 가진 사람들 사이로 전파되었었다. 回教가 印度的으로 變質된 代表的 例로서는 聖徒의 墓를 巡禮하는 것을 들 수 있다. 즉 回教의 聖徒숭배가 印度的인 塔婆의 숭배 습속과 結合한 것이다. 수우휘이 神秘主義 回教徒들이 印度에 定着하여 베다안타學派의 영향을 입은 것이라든지, 回教의 諸王이 상키야學의 研究를 권장한 것 등은 回教와 印度思想과의 習合的 氣質이 농후했다는 증거일 것이다.

　이로써 많은 回教學者들이 印度思想을 研究하게 되었는데, 특히 다아라아·쉬쿠우흐(Dāra Shikūh, 1659 處刑됨)는 回教의 수우휘이 神秘主義와 베다안타 哲學과의 比較研究를 시도하여 그 共通點을 지적하고 베다안타의 五十二位說을 페르샤語로 번역하였다. 말리크·무하마드·쟈아야시이(Malik Muhammad Jāyasī, 16세기 中葉)는 파드마아바트(Padmāvat)라는 叙事詩를 지어서 神의 사랑을 노래하였다.

제10장 近代印度哲學思想과 宗敎運動

(1) 唯物論

唯物論은 古代부터 있어온 學派였지만 이 時代에 이르러 一部 社會下層계급의 사람들에 의해 信奉되고 있었다. 이들은 傳統 印度思想 특히 婆羅門敎로부터는 가장 邪惡한 思想이라는 非難을 받았다. 그들은 직접 知覺되는 것만을 認定하고 推論은 現世의 事物에 관한 것만 認定하였다. 實在하는 것은 地·水·火·風의 四大뿐이다. 따라서 靈魂도, 業도 存在하지 않는다. 精神性이란 物質로부터 생겨나는 것이다. 비유로 말한다면, 마치 누룩이 발효하여 알코올이 되는 것과 같다. 身體가 滅하면 靈魂(精神)도 消滅한다. 그와 마찬가지로 業에 따르는 果報도 存在하지 않는다.

世界의 主宰神이란 人間이 만들어 낸 虛構일 뿐이다. 現實에 存在하는 國王이 곧 主宰神이다. 따라서 靈魂의 實在를 말한다거나, 主宰神에 禮拜드리는 일 따위는 모두 無意味한 일이다. 人生은 苦도 있지만 樂도 있다. 魚肉을 먹기 위해서는 뼈를 떼어야 하는 것과 마찬가지로 人間은 살아 있는 동안 快樂을 追求해야 한다.

당시의 唯物論者들은 아트만(我)에 대한 見解가 달랐다. 自體를 아트만이라고 보는 學派, 感官·生氣·內官을 각각 아트만이라고 보는 說, 그리고 아트만 자체를 否定하는 說 등이 있었다. 아트만의 存在를 否定하는 사람들을 특히 虛無主義者(Sūnyavādin)라고 한다.

(2) 라아마아난다(Rāmānanda)의 캐스트 否認

비슈누敎의 諸派는 힌두社會의 下層階級에 대한 약간의 동정심을 갖고 있기는 하였으나, 여전히 캐스트制度를 認定하고 있었다. 라아마아난다(15末~16須)는 라마누자(Rāmānuja)派의 修行僧이었는데, 특히 神에 대한 信愛로서 解脫에 이르는 道(bhaktimārga)가 있음을 强調하였다. 그는 비슈누神을 崇拜하는 데는 캐스트의 구별이 있을 수 없고, 어떤 사람이라도 그의 敎團에 들어올 수 있다고 宣言함으로써 캐스트를 否定하였다. 또한 그의 敎團內에서는 俗語를 使用하도록 하였다.

당시의 一般民衆들 간에는 牧童 크리슈나와 그의 愛人 라아드하아(Rādhā)에 대한 崇拜가 盛行하였다. 그러나 그 習俗 대신에 淸純한 라아마(Rāma)王子와 시이타아(Sītā) 妃를 숭배하는 것으로 代替하였다.

라아마아난다의 信徒들은 하나의 宗派를 形成하여 오늘날까지 存續하고 있는데, 그들을 라아마아란디이 (Rāmārandī) 또는 라아마아바트(Rāmāvat)라고 부른다.

(3) 카비이르(Kabīr)의 宗敎合理化論

1) 敎 理

카비이르(Kabīr, 1440~1518)는 婆羅民族 과부의 私生兒였다. 그는 베니레스에서 태어나 回敎徒 織工에 의해 養育되었고, 스스로도 織工으로 일생을 마친 사람이었다.

그는 라아마아난다에게 感化되어 라아마아의 思想을 繼承하였으나, 그의 個人的 여건으로 말미암아 많은 回敎的인 영향을 입었다. 一切의 個我는 동일한 根本原因으로부터 나온 것으로서 캐스트나 種

族의 구별을 虛構에 지나지 않는다고 主張하였다. 그러나 現實의 社
會的 世俗的 生活은 肯定되어야 하며 生命은 神의 神聖한 膳物이라고
생각하였다. 그러면서도 偶像을 崇拜하는 것을 금한 것은 回教의 영
향을 입은 것으로 보여진다.

그는 諸宗教間에는 깊은 구별이 있는 것이 아니라고 생각하였다.
알라(Allah)神이라 부르건 라아마아라고 부르건 간에 그것이 眞理를
얻는데 상관되는 것은 아니다. 그는 스스로를 가리켜 <알라와 라아
마아의 아들>이라고 불렀다.

그는 힌두教와 回教의 儀禮 · 外的 制度를 대단히 싫어하였다. 브
라흐마나 聖典 · 코란 聖典 등은 모두 空虛한 槪念에 지나지 않는다.
苦行도, 沐浴도, 祭祀도 巡禮도 無意味한 것이다.

　神聖한 목욕소에는 물 이외에는 아무것도 없다. 그것이 無用함을 우
리는 깨달았다. 왜냐하면 우리는 그곳에서 목욕했기 때문이다.
　神像은 生命이 없는 죽은 물건이다. 그것은 말할 줄 모른다. 우리들
이 다만 큰 소리로 불러 볼 따름이다. 神像의 돌보다는 오히려 작은
집의 돌이 더욱 價値있는 것이다.

그는 당시의 印度 習俗을 따른 行者(fakir, yogin)가 아니라 단순
한 職工으로서 일생을 마쳤으나 자기의 집 가운데서 神을 求한 賢者
였다. 그는 스스로의 罪業을 反省하고 동시에 一心으로 最高神에 대
한 경건한 信仰을 바친 것이다. 따라서 現實生活을 肯定했다. 人間의
我執을 버릴 때 神은 나타난다고 主張하였다.

2) 教 團

카비이르는 힌두語로 된 많은 詩文을 남겼는데 그의 詩는 一般 百
姓들 간에 많이 보급되었다. 특히 職工들 중에 信奉者가 많았고 동
료들에 의해 카비이르판티이(Kabīrpanthī)라고 불리었다.

카비이르의 영향을 받고 成立된 一派를 사트나아미이(Satnāmī)라
고 부른다. 그것은 <그의 이름이 眞實한 것(神)을 信奉한다>는 뜻이
다. 後世에 쟈크 지이반다아사(Jag-jīva Dāsa, 1682~1761 ?)라고 하
는 사람이 카비이르의 敎團을 크게 일으켰다. 그도 또한 캐스트制度
의 無用을 主張하였고, 특히 賤民들 간에 많은 信奉者를 얻었다. 이
들은 意識的으로 캐스트의 上流層 地位에 있는 힌두들을 싫어하였
다. 1672年에는 아우찬 잽이라는 帝王에 대한 반란 사건이 있었는데
이 反亂의 주도자들은 바로 캐비이르派 信徒들이었다.

(4) 발라바(Vallabha)派의 世俗的 敎團

발라바(Vallabha, 1473~1531)는 純粹一元論(Suddhādvaita)의 立場
에서 『브라흐마·수트라』를 註解하여 『아누브하아샤(Anubhāsya)』라는
책을 著述하였다. 諸個我는 브라흐만으로부터 나온 것으로서 兩者는
本質的으로 같은 것이다. 따라서 原因으로서의 브라흐만이나 結果로
서의 現象世界도 모두 純粹淸淨한 것으로서 같은 것이다. 여기에 現實
世界를 肯定하는 主張이 나타나게 되었고, 힌두敎가 世俗化의 길을 걷
는 所以가 되었다.

발라바는 神의 命令에 따라 結婚하였고, 그 派의 僧侶의 地位는
世襲되었고, 結婚이 허락되었다. 스승(guru)에 대해서는 獻身的인 尊
敬이 要求되었고 특히 法王(Gosvāmin, Gosain)에 대한 尊敬이 强調
된 결과 婦女를 提供하는 등 不道德的 習俗이 생겨나서 識者들로부
터 非難을 받기에 이르렀다.

그 敎團의 信徒에는 특히 商人이 많았다. 僧侶들은 各地方을 巡禮
하면서 멀리 떨어져 있는 各地의 商業團體 간의 연락을 취함으로써
商業上의 利益과 信仰의 功德을 融合시켰다.

(5) 챠이탄야(Caitanya)의 宗敎運動

크리슈나와 그의 愛人 라파에 대한 崇拜는 많은 詩들의 素材로서 아낌을 받아 왔었다. 산스크리트 詩人 쟈야데바(Jayadeva, 12C後半), 마이트레이 詩人 찬디이 다아스(Candī Dās, 15C경), 비하르의 詩人 비드야아팟티(Vidyāpatti, 15C 경) 등은 그것을 素材로 詩를 쓴 代表的 詩人들이었다.

이러한 詩를 愛唱했고, 그것에 感化를 받아서 새로운 宗敎運動을 일으킨 사람이 챠이탄야(Caitanya, 本名 Visvambhara Misra, 1485～1533)였다. 그는 벵골(Bengol) 地方에서 새로운 크리슈나와 라파 崇拜의 宗敎運動을 일으켰다.

그는 단순히 크리슈나를 禮敬했던 것에 그치지 않고, 熱光·興奮하는 讚嘆歌를 부르고 소리 높여 크리슈나와 라파를 외치면서 巡行하는 (Samkīrt-ana) 行을 創始하여 愛(Preman)의 精神을 강조하였다. 그 자신은 著書를 남기지 않았으나, 그의 弟子 루우파(Rūpa), 사나아타 (Sanāta) 등은 敎學을 整備·組織하였다. 그보다 후에 발라데바 (Baladeva, 18C初)가 나타나서 브라흐마·수트라에 註釋을 달아『고빈다브하샤(Govindabhāsya)』를 지었다. 그의 哲學的 立場을 不可思議 不一不異說(Acintyabhedābheda)라고 부른다.

最高神과 個我의 관계에 대한 哲學的 省察을 試圖하였고, 民衆的인 것으로서 奉仕의 實踐을 尊重하였다.

(6) 마라아타아(Marāthā)人의 信愛運動

西南印度의 마라아타아(Marāthā)人들 간에는 비슈누神에 대한 信愛를 强調하는 世俗的 宗敎運動이 일어났다.

나암데브(Nāmdev, 15C 前半)는 마라아티이(Marāthi)語로 信仰을

說하였다. 그는 본래 재봉사였다. 캐스트의 구별을 否認했고 그 결과 不可觸 賤民이라고 부르던 最下層 계급 파리아(Paria)人들까지도 그의 信徒가 되었다. 그는 특히 偶像숭배를 통렬히 비난하였다. 마라아 타아人 가운데 투카아라암(Tukārām, 1608~1649)은 帝王의 招請에도 應하지 않고, 보잘 것 없는 점포의 主人으로서 일생을 마쳤는데, 그는 세상을 버리고 隱者가 되는 것도 反對하였다.

> 먹는 것을 버리지 말라. 숲 속의 암자에 가지 말라. 네가 괴로워하건 즐거워하건, 어느 경우에든지 나라야나神을 생각하라, 어머니의 등에 업혀 있는 아이는 苦難을 느끼지 못한다. 그 밖의 일체의 생각을 끊어 버려라. 세상의 快樂에 빠지지 말라. 또 그와 같은 생각을 버리지도 말라. 일체의 것을 神에 바쳐라.

즉 神에 奉仕하는 生活을 통해 神이 즐겁도록 行動하는 것을 理想으로 삼은 것이다.

> 가난은 나에게는 甘味로운 것이다. 만약 그것이 당신의 발밑으로 引導해 준다면……
> 나는 나 자신의 눈으로 나의 죽음을 보았다. 바야흐로 비할 바 없는 歡喜가 나타났다. 三界는 기쁨으로 가득 차 있었다. 나는 萬有의 아트만으로서 즐거움을 누리고 있었다. 個我를 固執함으로써 예전부터 나는 하나의 場所에 매어 있었으나, 그것을 버리고 나는 萬有의 遍在하는 바가 되었다. 그때 나는 生死로부터 오는 두려움을 잊었던 것이다.

라아므다아스(Rāmdās, 1608~1681)는 民族의 영웅 시바아지의 政治 고문이었던 代表的 마라아타아人이었다. 그는 神秘主義를 政治와 結合시켰다. 세상 사람들에게는 서로 사랑할 것을 說했고, 理想的 帝王은 잠시도 쉬지 않고 열심히 活動해야 한다고 忠告하였다.

미이라아·바아이(Mīrā Bāī, 15C)는 라지푸트라太子의 妃였고, 宗

敎詩人이기도 하였다. 크리슈나에 대한 熱烈한 信仰崇拜를 强調하였는데, 神像이 열리고 그의 깨진 눈으로 그녀가 들어갔다는 傳說이 있다. 北印度의 婦女들 간에 이 傳說은 깊은 感化를 주었다.

(7) 古典民衆化運動

당시에 현저하게 보인 社會 運動으로서 古典을 民衆化시키려는 움직임이 있었다. 이것은 산스크리트語로 쓰여진 古典들을 民衆들의 俗語로 飜譯增補하여 온 民族의 精神的 指標가 될 수 있도록 하려는 움직임이었고, 이러한 民族運動의 선구자로서는 다음과 같은 사람들이 있었다.

1) 즈냐아네슈바리이

즈냐아네슈바리이(Jñānesvarī)는 마라아타(Marātha)사람으로서 『바가밧기이타』에 대한 一萬頌의 解說書를 지었다(1290). 그것은 많은 사람들에게 愛誦되었는데, 그 속에서 그는 共感의 精神이 연결된 社會的 活動을 强調하고, 私心없는 行動, 스승에 대한 尊敬 등을 가르치고 있다.

2) 에크나아트

에크나아트(Eknāth, 1570~1608)는 『바가밧 기이타』를 마타르(Mathar)語로 번역하여, 그 地方사람들에게 많은 感化를 주었다.

3) 툴라시이 다아스

툴라시이 다아스(Tulasī Dās, 1532~1624)는 『라마야아나』를 東部 힌디語로 번역하고 『라아마의 行이 있는 潮水(Rāma-carit-mānas)』를 著述하였다. (1585경) 이 詩의 中心은 라아마神에 대한 熱烈한 信仰 告白과, 萬人이 同體라는 가르침이다.

이 저술은 北部印度人들에게는 聖書와 마찬가지의 敎化的 意義를 지니고 있다.

4) 캄 반

캄반(Kamban 11世紀)은 『라마야나』를 타밀(Tamil)語로 번역하였 다. 타밀人들은 原作보다도 오히려 이 번역본을 더욱 자랑스럽게 생 각하고 있다. 악마 타바나(Tabana)를 라마와 대등한 英雄으로 인정 하고 있는 점이 特異하다.

(8) 시크(Sikh)敎

1) 敎祖와 聖典

시크(Sikh)敎는 전통 힌두이즘에 바탕을 두고 있으면서 回敎의 영 향을 받아, 回敎的 要素를 가미한 改革的 宗敎이다. 그 開祖 나아나 크(Nānak, 1469~1538)는 카비르의 思想을 물려받았고, 同時에 回 敎神秘主義의 강한 영향을 입고 있다. 北印度를 두루 여행하면서 힌 디語 및 판잡 地方의 俗語 등 混合語로 弟子들을 敎育하였다. 그의 敎說은 주로 판잡地方을 中心으로 發達되었다.

시크敎의 聖典 『그란트 사아히브(Granth Sāhib)』는 나아나크에 歸

依함을 호소하는 詩와 散文 등으로 편찬되어 있다.

2) 思想槪要

시크敎는 唯一神에 對한 信仰을 强調하면서, 諸宗敎의 本質은 하나라고 가르친다. 이들은 形式的인 儀禮를 否認하고 偶像崇拜를 禁止하였다. 또한 一般的 修行 慣習으로서의 苦行主義를 배격하고 캐스트를 否定하는 등 進取的 敎說을 표방하였다. 어떤 계급의 사람일지라도 모두 같은 음식을 먹고, 食物에 관한 禁忌를 없애고 있다. 肉食을 許容하지만 술·麻藥·담배 등은 금한다.

敎團은 특수한 出家僧에 의해 운영되는 것이 아니라 在家信徒들로 構成되었는데 世俗에서 一般職業에 종사하면서 다른 사람들에게 奉仕할 것이 要求되었다. 이들은 특히 宗敎의 道德的 側面을 强調하고 있다.

3) 展開와 後世에 미친 영향

시크敎에는 세습되는 法王이 있었는데 第10代 法王(Guru)이었던 고빈드 싱그(Govind Singh)는 시크敎를 形式化하여 信徒들에게 다섯 가지의 信條를 지니도록 하였다.

① 長髮(Kes)
② 무릎까지 내려오는 內衣(Kacch)
③ 칠고리(Kripār)
④ 허리의 칼
⑤ 櫛(Kaṅgha)

이 時代 이래 시크敎徒들은 獨立된 宗敎의 樣相을 현저하게 드러내고 있는데 信徒들은 모두 그의 이름이 <싱그(Singh, 獅子)>라는

말로 끝나야 한다고 정했으며, 특수한 習俗으로 머리 깎는 것을 禁
하고 남자에게는 타반을 머리에 감도록 하였다.

나아나크를 初代 法王으로 해서 10名의 法王이 차례로 敎團을 統
治하였는데, 第6代 法王 하르 고빈드(Har Gobind, 1606~16 統治
함)와, 그 後代에는 回敎의 왕후들에게 抗爭하는 일이 많았다. 第6代
하르가 處刑을 받게 되자, 敎團은 軍事團體로 재편성되었고, 回敎 및
기타 王權들에게 항쟁하여 판잡 地方을 中心으로 一大王國을 建設하
기도 하였다. 시크王國은 1849年 英國에 의해 合倂되었다.

이러한 영향으로 시크敎徒들은 進取的 氣象이 많고, 重勞動을 감
당하는 등 對社會的으로 활약하는 風潮를 갖게 되었다. 그들은 특히
기계 조작에 있어서 많은 素質을 갖고 이 方面으로 進出하였다. 지
금도 시크敎徒들에는 乞食者가 없으며 택시 운전수의 대부분이 시크
敎徒이다. 그들은 <乞食하기보다는 차라리 굶어 죽으라>는 가르침을
받고 있기 때문이다.

(9) 파르시스(Parsis)敎

1) 淵　源

파르시스(Parsis)敎徒란 8세기 回敎徒의 軍隊의 추격을 받고 구라
라트海岸으로 피난해온 페르샤의 조로아스터敎徒들을 유럽에서 命名
한 것이다.

이들이 印度 땅에서 定着하기 위해 印度政府의 보호를 要請했을
때 印度政府에서는 이들에게 두 가지를 조건으로 定着을 허락하였
다. 첫째는 페르샤 言語를 버릴 것. 둘째는 婦女子들에게 印度의 복
장을 입힐 것이었다. 이 조건을 수락한 그들은 아직까지도 이를 尊
重하고 있어 習慣이나 禮節 등이 거의 印度的으로 同化되어 있다.

2) 敎 理

그들은 全知全能한 唯一神으로서 아후라 마즈다(Ahura Mazda)를
믿는다. 아후라神의 身體는 無量한 빛을 發하며, 가장 높은 하늘에
머문다고 했다. 神은 착한 영혼, 惡한 영혼 등, 인간의 영혼을 創造
하였다. 人間을 構成하는 것은 크게 보아 둘로 나눌 수 있다. 첫째
는 可滅部分으로서 몸과 意識 등이다. 둘째는 不滅部分, 즉 靈魂이라
는 것이다. 靈魂도 둘로 나뉜다. 그것은 惡한 것과 善한 것이다. 善
한 靈은 惡한 靈과의 싸움에서, 死後에는 하늘에서 태어날 수 있다.

이들의 儀式 중에서 가장 두드러진 것은 祖上 숭배의 習俗이다.
聖火의 殿堂이나 屍體를 새에게 먹게 하는 火葬場(d'ahma) 등은 아
직까지도 잘 保全되어 있다.

現在 파르시스敎徒들은 봄베이를 中心으로 약 10萬名 정도에 불
과하지만, 印度의 工業 중 鐵鋼・航空・自動車 등 重工業들은 그들
에 의해 開始되었다. 一般的으로 이들은 부유하고 敎育 및 科學振興
등에 대한 熱意가 높다. 社會 公共事業에도 앞장을 서며 西歐化의
최첨단을 걷고 있다. 그 이유는 파르시스敎徒들은 敎理가 現實肯定
的이며 또 少數民族이므로 苦難을 打開하여 克服하는 일에 努力하며
團結力이 강하기 때문일 것이다. 더구나 宗敎的 禁忌나 캐스트를 否
定하기 때문에 近代文明의 섭취가 容易했다고 評價를 할 수 있을 것
이다.

제11장 現代印度思想

(1) 英國의 統治와 獨立運動

英國을 비롯한 西歐諸國의 印度에 대한 經濟的 侵略行爲는 17세기경부터 비롯되었다. 특히 英國은 東印度會社를 設立하여 점점 勢力을 擴張하여 工業·土地·農業 등 社會 各分野에 걸쳐 점차로 侵略의 손길을 뻗쳤다. 18世紀 後半부터 東印度會社는 적극적으로 印度의 經營에 着手하여 1887年 英國의 엘리자벳女王은 印度를 合倂하고 印度의 女帝에 등극하여 印度는 英國의 統治下에 들게 되었다. 英國은 印度의 土着工業을 파괴하고, 印度人들을 重稅로 束縛함으로써 民衆들은 극도의 反英感情을 갖고, 反英運動을 展開하게 되었다.

1885年에는 印度國民議會(Indian National Congress)가 設立되었고, 1905年 露日戰爭이 日本의 勝利로 끝나자 印度民族의 獨立運動은 강한 자극을 받았다.

民族獨立運動의 指導者 수렌드라나트 바네르제아(Surendrnath Banerjea)는 <印度協會>라는 것을 組織하고 印度의 知識階級을 中心으로 世論을 糾合하는 한편 初代國民會議議長을 지냈다. 國民會議의 急進的 지도자 로카만야 바아알 강가아다르 틸락(Lokamanya Bāl Gangādhar Tilak, 1856~1920)은 古典學者이기도 하였는데, 反英運動의 선봉에 섰다는 이유로 여러 차례 投獄을 당하였다. 간디는 전 인도인의 政治 지도자였고, 非暴力主義(Ahiṃsa)로서 英國의 壓制에 對抗하였다.

1947年 드디어 印度는 獨立을 얻었고, 1950年, 印度 連邦共和國이 成立되면서 憲法을 制定하였다.

(2) 宗教改革運動

西洋의 科學文明이 印度를 장악하면서 印度의 傳統思想과 宗教間에는 社會를 改革하고, 스스로 現代化를 도모하려는 움직임이 일기 始作하였다. 그 運動의 선구자로서 등장한 람 모한 로이(Ram Mohan Roy, 1772~1833)는 1828年에 <브라아흐마 사마아즈(Brāhma-Samāj)>를 設立하였다. 그들은 캐스트의 구별을 부정하고 과부의 再婚을 인정하였다. 寡婦焚死(Satī, Suttee)의 習俗을 禁止시킨 것도 이들의 계몽으로 이루어졌다. 이 協會의 會員에는 多數의 知識人들이 있었다. 타고르도 이 協會의 會員이었다. 1867年 設立된 프라아르타나아 사마아즈(Prārthanā-Samāj)도 같은 理念을 가진 文化 團體였다.

19세기 이러한 改革運動의 선봉에 선 協會로는 <아아리야 사마아즈(Ārya-Samāz)>가 있었다. 요가 修行者 다야아난다 사라스바티이(Dayānanda Sarasvatī, 1824~1883)가 1875年에 創立하였다. 그는 당시 宗教의 타락상을 통렬히 비난하고 「베다로 돌아가자」라고 절규하였다. 偶像 崇拜를 排斥하고, 어떠한 神의 觀念의 化身도 否定하였다. 철저한 自我 開發的 理想을 가진 그는 靈場巡禮·祖上崇拜 등도 모두 쓸데없는 迷信이라고 했다. 그는 女子의 社會的 地位를 높이는 데 많은 貢獻을 하였다.

1921年에는 46萬名에 달하는 會員을 얻었다. 많은 政治家 有力한 社會人士 등이 會員에 加入하였다. 教育과 社會事業의 면에 특히 印度의 現代化를 크게 促進시켰다.

現代印度의 最大教團으로 世界的 活動을 벌이고 있는 것으로서 <라마크리슈나 傳道會(The Rāmakrishna Mission)>가 있다. 라아마

크리슈나(Rāma-kṛshra, 1836~1886)는 카알리이(Kali) 女神을 숭배하고, 많은 神秘的 靈感을 體驗한 사람이다. 그러나 그는 近代의 合理的 思惟의 영향을 받아, 體系的으로 神秘體驗을 정리하였다. 諸種의 宗敎 實踐生活을 통해서 神과의 合一을 이룰 수 있다고 主張하였다. 「精神의 平和를 이룩하여 남에게 奉仕하라」는 슬로우건을 내건 라마크리슈나 傳道會는 敎育·出版·의료·救護 등의 諸事業에 탁월한 活動을 벌이면서, 그 支部를 世界各地에 두고 있다.

이러한 宗敎性을 띤 文化團體의 활동에 자극을 받아 순수한 奉仕團體들이 생겨났다. 그 代表的인 것으로서는 1916年 프라나바아난다(Pranavāva-nda, 1886~1941)가 創立한 <브하라타세바아슈라마 상가(Bharatasevāsra-ma-Samgha)>가 있다. 그 團體는 다분히 國民主義的 경향을 띤 것이었다.

반면에 순수한 宗敎理想의 實現만을 目標로 한 은둔적 修行人들도 있었다. 라마나 마하르씨(Ramana Maharṣi, 1879~l951)는 南印度 出身인데, 아루나챠라(Arunacala)山의 修行場(Tiruvannamalai)에 기거하면서 일생동안 한 발짝도 山門 밖을 나서지 않았다. 그들 「자기 자신 가운데 沈潛하는 일」에 沒頭하였다. 感化力이 뛰어나서 많은 弟子들이 面談을 請했으나 늘 거절하였다. 簡素하고 청결한 生活理想을 몸소 實踐하였고, 캐스트 制度를 否認하였다.

한편 傳統 印度思想의 개발을 목적으로 한 文化團體 가운데 <神智協會(The Theosophiscal Society)>라는 것이 있다. 마라바츠키 夫人(Madame Blavatsky)과 올코트 대령(Colonel Olcott)이 이끄는 이 協會는 印度人으로 하여금 自己 文明과 文化의 탁월을 自覺케 하는 데 큰 공헌을 하였다. 그들은 敎育事業에 置重하였고, 아댜르(Adyar)의 協會本部에는 最新의 設備를 갖춘 圖書館을 경영하고 있다. 그곳에는 희귀한 古寫本 및 珍本 등을 所藏하고 있고, 그들을 影印 刊行하기도 한다.

最近에 들어서서 佛敎 復興運動이 印度에서 일기 시작하였다. 담

마 파알라(Dhanma-Pāla, 1864~1933)는 1891年 <大菩提會(The
Mahā bodhi So-ciety)>를 創立하여 황폐해진 佛跡地의 保存修理, 佛
跡巡禮의 實行 大都市를 중심으로 佛教普及運動의 展開 등을 實行하
였다. 그 결과, 印度의 獨立後 佛教에 歸依하는 信徒들이 急增하여
1851年 18萬에 불과하던 佛教徒가1961年에는 326萬名에 달하고, 계
속 信徒數가 增加되고 있다.

　　現在 印度에는 五百萬에 가까운 佛教信徒가 있어서 印度의 第5宗
教의 位置에 있다.

　　印度政府는 政治와 宗教를 分離하는 憲法을 制定하였고, 특수한
일정 종교에 대한 援助나 迫害를 禁하는 基本的 原則을 確立하고 있
다. 다만 佛教의 教祖 고오타마 붓다를 印度가 낳은 위대한 精神的
偉人으로 추대하여, 遺跡地를 보수하고, 개발하는 등 印度政府가 앞
장서고 있다.

(3) 간디(Gandhi)의 生涯와 思想

1) 印度獨立의 黎明

　　인도 독립의 아버지라 불리는 마하트마 간디(Mahātma Gandhi,
1869~1948)는 위대한 政治家이며 思想家이다.

　　간디는 아라비아海에 면한 印度 西海岸의 파르반다르라는 곳에서
태어났다. 열세 살 때 結婚했고, 열아홉 살 때(1888) 英國으로 유학
하였다. 그곳에서 새로운 文明生活에 접한 간디는 오히려 印度人으
로서의 깊은 自覺을 느꼈다. 그가 영국에서 변호사 자격증을 얻고
歸國한 것은 1891年이었다. 3年後에는 남아프리카에 있는 印度人商
社의 고문 변호사로서 南아프리카에 머물게 되었다.

　　그는 특히 『바가밧 기타』, 『聖書』 등을 탐독하였고, 톨스토이, 라

스킨 등을 좋아하였다. 20年이 넘도록 아프리카에 사는 동안 그는 基本的인 印度의 人權 옹호를 위한 努力을 게을리 하지 않았다. 1894年에는 印度人 國民會議를 結成했고, 1895年에는 人頭稅 반대 투쟁을 지도하였다.

世界第一次大戰이 발발했을 때, 간디는 다시 印度로 돌아왔다. 그 당시 英國은 이 大戰에 印度人이 協力해 준다는 조건으로 印度의 自治를 約束하였다. 그러나 大戰 후, 印度의 협력에도 불구하고 公約은 지켜지지 않았으며, 오히려 언론 思想에 대한 統制는 強化一路에 있었다. 이것을 계기로 전 인도에는 反英運動이 일어났다. 간디는 이전 인도적 民族運動의 선두에 서서 기관지 『젊은 印度(Young India)』를 創刊하였다(1919). 그는 영국으로부터 받은 훈장을 반납하고, 영국 제품 不買運動, 물레의 장려, 非暴力 무저항주의 등의 汎國民的 運動을 전개하였다. 간디는 스스로 순결한 生活을 엄격히 지켜왔으나. 남에 대해서는 극히 寬容的인 태도를 취하여 그가 지은 수도원의 기도문에서는 『힌두聖典』을 비롯, 『코오란』, 『聖經』, 『佛經』 등의 文句를 쓰기도 하였다.

1930年 初부터 간디는 民族運動의 一線에서 물러나고 네루 등에게 그 자리를 맡겼다. 그러나 第二次世界大戰이 발발하면서 다시 印度는 간디를 必要로 하게 되었다. 간디와 네루 등은 드디어 대규모의 反英투쟁에 앞장섰고, 그때 의회의 지도자들은 대부분 체포되었고 獄中에서 간디는 妻를 잃었다(1944).

1947年 8月 15日, 印度는 平和的으로 獨立하였다. 그러나 그 獨立은 이슬람敎를 믿던 파키스탄과의 分離된 獨立이었다. 그 獨立式에 간디는 참석치 않았다. 그는 칼카타의 빈민가에서 民衆들로부터 投石을 당하면서 이슬람敎徒와 힌두敎徒의 융합을 위한 說敎를 계속하였던 것이다.

1948年 1月 30日, 간디는 저녁기도를 올리던 중 힌두·이슬람의 融合을 反對하는 힌두敎徒의 한 청년의 흉탄을 맞고 숨졌다. 그때

간디는 **79**세였다. 혼란기 印度의 위대한 정신적 지도자였던 간디의
理念은 그 후계자인 네루의 平和思想으로 계승되어졌다.

2) 아힝사(Ahiṃsa)

간디의 思想 중 根幹을 이루는 것은 非暴力에 의한 無抵抗主義이
다. 간디는 「非暴力은 人間的으로 可能한 極限의 완벽성을 갖춘 自
己淨化이다」라고 말한 적이 있다. 인간은 자신의 無力과 남에의 嫌
惡를 暴力으로 다스리려는 버릇이 있다. 그러나 暴力은 끊임없는 暴
力을 유발할 뿐, 자기 苦惱에 의하여 正義를 確保하지는 못한다. 간
디가 信條로 삼은 非暴力主義는 人間의 相互 신뢰와 사랑을 바탕으
로 한다.

따라서 그의 非暴力主義는 消極的이고 無力한 투쟁의 테크닉이 아
니라, 人間이 人間으로서의 尊嚴性을 회복하고 完結하려는 휴머니즘
의 展開라고 보아야 할 것이다.

간디는 印度의 獨立을 외치면서 <自治>를 다음과 같이 要約하였다.

① 참된 自治는 自己支配, 즉 自己仰制이다.
② 그 길은 무저항, 즉 靈力, 혹은 愛力이다.
③ 이 힘을 불러일으키는 데는 國産愛用이 必要하다.
④ 우리가 하려는 바를 行하지 않으면 안된다. 그것은 報復하기 위해
   서 英國人에게 反對함이 아니라, 그렇게 함이 우리들의 책임이기
   때문이다.

즉 自治란 각자의 道德的 책임의 完遂인 것이다. 따라서 참된 民主主
義 暴力的 方法으로 달성되는 것이 아니라, 모든 인간에게 同等한 機會
와 權利를 줌으로써 自己完成의 편의를 마련해 주는 데 있는 것이다.

간디는 이러한 理念이 도시에서 더구나 몇몇 知識人들 사이에서
擧論되는 觀念의 遊戲가 되어서는 안된다고 역설하였다. 그것은 農

村에서 또 대저택이 아니라 草家집 속에서 이루어진다고 보았다. 그는 농촌생활의 검소·소박·自然 속에서 眞實과 非暴力이 實現된다고 보았다. 人間에게 重要한 것은 物質的 豊饒가 아니라 精神의 安樂이다. 오히려 과잉의 豊饒는人間 精神을 타락시키기 때문에 최소한의 生活 필수품으로 만족해야 한다고 했다. 이것이 네루와 간디의 다른 점이다. 네루는 合理的인 計劃에 의해 工業化 産業化를 이루어서 貧困한 농촌을 개발하여 福利를 누리게 하는 것을 당면의 急先務로 생각하였다. 農村은 未開하고 無知한 곳이다. 科學과 技術로서 産業을 發展시키는 것만이 印度의 目標라고 생각하였다.

印度가 獨立을 얻은 직후 간디는 네루의 新政權에 가담하지 않은 國民議會 지도자들과 함께, 몇 가지의 團體를 만들 구상을 하였다. 不可觸 賤民制度의 철폐를 위한 團體, 기초 교육을 보급시키는 단체, 힌두語를 국어로 하려는 團體, 물레 생산 보급 단체의 대표를 모아 會議에 가담시키는 봉사의 團體 등이 그것이다. 이것은 네루 정권에 대한 압력 단체였다. 간디는 네루의 工業化 정책에 따른 非人間化 現象, 그리고 네루의 一黨獨裁化 등을 우려하였다. 그러나 이 團體는 간디 자신이 분명히 밝혔듯이 정권을 장악하기 위한 정치 집단이 아니며, 네루의 정권을 올바른 方面으로 이끌기 위한 자문 단체였을 뿐이다. 그러나 이러한 간디의 理想도 實現을 보지 못한 채 暗殺者에 의해 세상을 떠났던 것이다.

만약 간디의 理想이 實現될 수 있었다면, 印度의 工業化는 지연됐을지 몰라도 오늘날과 같은 맹목적인 西歐化 現象은 일어나지 않았을 것이다.

(4) 타고르(Tagore)의 思想

라비인드라나아트 타고르(Rabīndranāth Tagore, 1861~1941)는 印度가 낳은 세계적 思想家이며, 哲人이요, 音樂家며, 화가이고, 敎育者이다.

西벵갈의 캘카타에서 태어나 英國에서 法律을 배우고 1877年 歸國하여 1883年에 결혼하였다. 그는 이미 열다섯 살 때부터 詩作을 시작하였다. 그는 당시의 一般的인 學校敎育에 대해서 많은 반발을 하였다. 形式的이고 盲目的인 敎育制度를 반대하고, 이를테면 스스로 자기 자신을 敎育해 나갔던 것이다. 그는 영국에 法律을 공부하러 갔으나, 변호사 공부를 하지 않았고, 그러한 敎育制度에 반발하였고, 변호사가 되려는 努力을 포기하였다. 그는 닥치는 대로 文學作品을 읽었다. 특히 어려서부터 『챠이타냐』를 좋아했고 고향인 벵갈의 바이슈나바敎 詩人들의 作品을 즐겨 읽었다. 英國의 詩人으로는 쉘리와 키이츠에 心醉하였다.

타고르는 어려서부터 벵갈語로 敍情詩를 쓰기 시작했고, 1890年에는 그의 첫 詩集 『마아나시이(Mānasī, 마음의 化現)』을 出版했다. 1891年부터 1895年 사이 그는 당시의 가장 유명한 벵갈어 文學誌인 『사아 다바아(Sādavā)』에 계속 寄稿하여 벵갈文學 發展에 크게 기여하였다. 그동안 타고르는 一群의 희곡도 發表했는데 『犧牲』, 『王과 王妃』 등은 이 時期의 代表的 희곡들이다. 英國學者 톰슨(Tompson)은 타고르의 詩作을 評하여 「現象世界의 矛盾混沌을 깊이 洞察하여 神의 創造活動의 아름다움과 調和시킨 文學 중의 文學이며, 그것은 비단 印度文學의 逸品일 뿐 아니라 世界的 걸작」이라고 하였다. 그러나 타고르의 詩作은 그 당시 印度 文人들에게는 별로 각광을 받지 못하였다. 당시의 경향은 古典的 산스크리트 主體로 된 것을 좋아하였고, 타고르의 벵갈 國語體는 오히려 輕視를 받았던 것이다.

1901年 그는 볼푸르에 은퇴하여 유명한 <平和의 安息處(Sāntiniketan)>를 設立하였다. 그것은 閑寂한 地域에 자리 잡은 獨自的 學風의 大學이었다. 그는 이곳에서 人間의 心性開發을 目的으로 하는 傳統的 理想에 의한 敎育을 實施하였다. 그것은 통칭 <타고르 國際大學>이라고 불린다.

타고르가 노벨文學賞을 받은 것은 1913年의 일이었다. 晩年에 타고르는 美國 등 세계各國을 歷訪하는 巡禮旅行을 즐겼다. 印度의 傳統言語로 內面世界를 表現한 偉大한 詩人은 1941年 永眠하였다.

印度哲學關係文獻

    印度哲學에 관한 研究書는 그것만으로도 몇 卷의 책이 될 만큼 방대한 量에 이른다. 19세기초 印度學의 研究는 英國을 비롯한 유럽 몇 나라에 의해서 이루어졌었다. 그러나 燉煌文書의 發見으로 世界各國에서 印度學 및 東洋學에 관한 關心이 高潮되고 지금은 유럽을 비롯하여 日本·美國 등에서도 그 研究가 활발히 進行되고 있다.

    여기에 收錄한 書目은 印度哲學 研究의 基本 參考書 및 本書의 十一章에 해당하는 各圖書를 정리한 것이다. 著者·冊名·出版年度·出版所 등을 밝혀서 이 方面의 研究에 도움을 주고자 한다. 圖書의 수집과 整理가 完璧한 것은 아니지만 重要한 著述은 대개 收錄하였다. 機會가 있는 대로 좀더 완벽한 目錄을 作成할 것이며 지금은 그나마 우리나라에서의 印度哲學研究文獻 整理가 白紙는 면하게 됨을 自慰한다.

<참考文獻 略號>

AGPh. P. Deussen: *Allgemeine Geschichte der philosophie* I. 1~3. Leipzig, 1894.

Dasg, S. Dasgupta: *A History of Indian Philosophy* 5vols. Cambridge, 1922.

ERE, James Hastings: *Encyclopaedia of Religion and Ethics*.

SBE, *Sacred Books of the East*, ed by F. Mas Müller, Oxford.

槪論書를 비롯한 基本文獻

Muir, J. *Original Sanskrit Texts on the Origin and History of the People of India, Their Religion. and Institutions.* 5vols. London, 1868-74.

Monier-Williams, M., *Hinduism.* Calcutta, Susil Gupta Ltd. First Published 1877.
Brahmanism and Hinduism or religious Thought and Life in India London, John Murray, 1877.

Müller, F. Max(Editor): *The Sacred Books of the East,* Oxford and New York, Oxford Univ. Press, 1879 onwards.

Lanman, C. R. (Editor.) *The Harvard Oriental Series,* Cambridge, Mass. Harvard University Press 1891 onwards. (印度學分野에는 哲學과 文學이 포함되어 있음.)

T. W. Rhys Davids: *Buddhist India,* London, 1903.

Farquhar, J. N., *An Outline of the Religious Literature of India.* London, Oxford University Press, 1920.

Cambridge *History of India,* Vol I-IV, Cambridge and New York, Cambridge Univ. Press, 1922-53.

Oxford, *History of India,* 1958. Oxford.

宇井伯壽: 印度哲學史, 岩波書店, 昭和 7年.

金倉圓照: インド哲學史, 平樂寺, 昭和 37年.

中村元: インド思想史, 岩波書店 昭年 35年.

中村元: 自我と無我－インド思想と佛敎の根本問題－, 平樂寺, 昭和 38年.

金倉圓照: 印度哲學の自我思想, 大藏出版, 昭和 24年.

宇井伯壽: 印度哲學研究, 甲子社書房, 大正 13年.

Dasgupta, Surendra Nath. *A History of Indian Philosophy,* 4vols. Cambridge, 1922-49.

A. L. Basham: *The Wonder that was India,* London, 1954.

Radhakrishnan: *Indian Philosophy,* 2vols. London, 1923.

Coomaraswamy, Ananda K: *History of Indian and Indonesian Art.* New York, 1927.

Winterniz, Moriz. *Geschichte der indischen Litteratur.* 3vols. Leipzig, 1905-22. (English translation by Mrs. S. Ketkar and H. kohn. 2vols. Calcutta, 1927-33.)

Hiriyanna, M., *The Essentials of Indian Philosophy.* London, George Allen & Unwin Ltd., 1949.

Hiriyanna, *Outlines of Indian Philosophy.* New York, The Macmillan Company,1932.

G. T. Garratt, ed., *The Legacy of India.* Oxford University Press, London, 1937.

Sylvain Levi: *L'inde civilisatric, apercu historique,* paris, 1938.

Dunbar, Sir George: *A History of Indea, from the earliest times to the present.* London, 2nd edition, 1939.

Coomaraswamy, Ananda K: *Spiritual Authority and Temporal power in the Indian Theory of Government.* New Haven, 1942.

Rene Guenon: *Introduction to the Study of the Hindu Doctrines.* Translated by Marco Pallis. London, 1945.

Heinrich Zimmer. *Myths and symbols in Indian Art and civilization.* The Bollingen Series VI. New York Pantheon Books, 1946.

Bouquet, A. C. *Hinduism.* New York, Hutchison's Univ Library, 1948.

Chatterjee, S. ; and Datta, D.: *Introduction to Indian Philosophy,* Calcutta, Univ, Press, 1950.

Majumdar, R. C.: *An Advanced History of India,* London, Macmillan, and New York, St Martin's Press, 1950.

Chatterjee: *Satis Chandra, the Fundamentals of Hinduism.* Calcutta, Dasgupta & Co., 1950.

S. a. Dange: *India, From Primitive Communism to Slavery,* Bombay, 1951.

H. Zimmer: *Philosophies of India,* London 1952.

Rawlinson, H. G. *India, A short Cultural History.* New York, Frederick a. Praeger, Inc., 1952.

S. Radhakrishnan, ed.: *History of philosopy Eastern and Western.* Allen & Unwin, London, 1953.
(이 책은 印度 文敎部의 지원으로 出刊되었고 불교에 관한 論文은 印度學者들이 執筆하였다.)

Heinrich Zimmer. *Philosophies of India.* Bollingen series XXVI. New York: Pantheon Books, 1953.

Morgan, Kenneth W. (editor). *The Religion of the Hindus.* New York, the Ronald Press Company, 1953.

Sarvepalli Radhakrishnan, and Charles A. Moore: *A source Book in Indian Philosophy.* Princeton: University Press, 1957.

P. Thomas: *Hindu Religion, Customs, and Manners.* Bombay: D. B. Taraporevala Sons & Co., 1960.

R. C. Majumdar, H. C. Raychaudhuri, and Kalikinkar Datta: *An advanced History of India.* London: Macmillian & Co., 1960.

Renou, Louis: *Hinduism.* New York, George Braziller, Inc., 1961.

S. Radhakrishnan. *Indian Philosophy. Vol.*I, 2nd ed. New York: The macmillan & Co.: London: George Allen and Unwin, 1962.

L. Atreya: *The Fundamental Principles of Indian Ethics.* Agra Exten-sion Lectures, 1965.

Ruth Reyna.: *Metaphysics of time in Indian Philsophy in Relation to Particle physics.* Edited by jiri Zeman. Prague: *Academy Philosophy & Science:* Elsevier Press, 1971.

V. Raghavan: *The Indian Heritage.* Quoted in Radhakrishnan.

P. Gile Cambridge: *History of India.*

Thomas Watters: *Yung Chwang's Travels in India,* 2vols. London 1904-5.

V. A. Smith: The *Early History of India,* chap. XIV, Oxford1924.

P. L. Paul: *The Early History of Bengal,* 2vols. Calcutta, 1939-40.

Max Weber: *The religion of India,* Free Press 1958.

元義範: 印度哲學思想史(프린트本). 1972. 東國大

鄭柄朝: 印度哲學史(프린트本), 1974. 嶺南大

제1장 힌두 瞑想의 起源

Marshall, Sir John: *Mohenjo-daro and the Indus Civilization,* 3vols. London. 1931.

曾野壽彦譯: インダス文明, 昭和 41年.

Mackay Ernest: *The Indus Civilization,* London, 1935.

龍山章眞譯: インダス文明, 昭和 18年.

逸見梅榮: 印度文化の源泉(岩波講坐)

Piggott, Stuart.: *Prehistoric India,* Harmordswoth (Penguin Books) 1950.

Havell, E. B.: *The History of Aryan Rule in India, From the earliest times to the death of Akbar,* New York.

Mortimer Wheeler: *The Indus Civilization, Cambridge History of India,* (A Supplementary Volume). Cambridge, 1953.

辻直四郎: 印度(南方民族叢書), 偕成社, 昭和 18年.

佐保田鶴治: 印度古代史, 弘文堂, 昭和 18社.

足利惇: 印度史概觀, 弘文堂, 昭和 22年.

岩本裕: インド史, 修道社, 昭和 31年.

中村元: インド 古代史, 上, 下, 春秋社, 昭和 41年.

R. S. Sharma: *Aspects of political Ideas and Institutions in ancient India,* Delhi-Varanasi-patna 1959.

辻直四郎: インド文明の曙, 岩波新書.

제2장 베다 時代의 神話的 宇宙觀

Eggeling, J. (trans.). *Satapatha Brahmana.* S. B. E vols. XII, XXVI, XLI, XIIII, XIIV.) Oxford, 1882-1900.

Oldenberg, H: *Religion der Vedas.* Berlin, 1884.

Griffith, R. T. H. (trans.): *Rigveda, Samaveda, white Yajurveda,* Atharvaveda. Benares, 1895-1907.

Müller, F. Max, and Oldenberg, H. (trans.). *Rig Veda Hymns.* SBE Vol.XXXII and XLVI.) Oxford, 1891 and 1897.

Bloomfield, Maurice (trans). *Hymns of the Atharva* Veda. (SBE vol XLII.) Oxford, 1897.

Whitney, William Dwight, and lanman, Charles Rockwell (trans.). *Atharva veda.* (Harvard Oriental Series, vols. VII and VIII.) Cambridge, Mass., 1905.

Macdonell, A. A. (trans). *Hymns from the Riveda.* London, 1922.

Macdonell, *Vedic Mythology.* Strassburg, 1897.

Macdonell, *"Vedic Religion,"* in Hastings,

Keith, Arthur Berriedale (trans.). *The Rigveda Brahmanas.* (Harvard Oriental Series, Vol.XXV.) Cambridge, Mass., 1920.

Hymns from the Rigveda. Translated by R. T. Griffith Banaras E. J. Lazarus & Co., 1926.

Coomaraswamy, Ananda K. *A new Approach to the Vedas.* An Essay in Translation and Exegesis. London, 1933.

Coomaraswamy, *The Rig Veda as Land-nama-book.* London, 1935.

辻直四郎: ヴェーダとウパニシヤツド, 創元社, 昭和 28年.

K. F. Geldner: *Der Rig-Veda,* 3 Teile, Cambridge. Mass.

高楠順次郎: 印度古聖歌(世界聖典全集), 改造社, 昭和 4年.

Émile Senart: Les castes dans l'Inde, 1927.

林文雄譯, 印度のカースト, 昭和 18年.

中村元, 初期のヴエーダーンタ哲學, 岩波文庫.

Die Weltanschauung der Bhahmana Texte, 1919.

The Satapatha-Brahmana, Eggeling (S. B. E.).

A. B. Keith: *Religion and Philosophy of the Veda and Upanishads,* 2vols. Cambridge, 1925.

Ruth Reyna.: *The Concept of Maya from the Vedas to the 20th Centry.* Bombay: Asia publishing House, 1962.

Vireswarananda, Swami(Skr, and trans.): *Brahma-sutras. Mayavati. Almora, Himalayas,* 1936.

Richard Garbe: *Philosophy of Ancient India,* Referred to in Radhakrishnan, (47).

Hymns from the Vedas. Translated and annotated by Abinash Chandra Bose, Bombay: Asia Publishing House, 1965.

Franklin Edgerton: *The beginnings of Indian Philosophy,* London, 1965.

Ruth Renya: *Introduction to Indian Philosophy,* New Delhi, 1970.

제3장 우파니샤드의 哲學

Deussen, Paul (trans.): *Sechzig Upanishads des Veda.* Leipzig, 1897.

Deussen, *Philosophy of the Upanishads.* Translated by Rev. A. S. Geden. Edinburgh, 1906.

H. Oldenberg: *Die Lehre der Upanishaden und die Anfange des Buddhismus,* Gotingen, 1915.

高楠・河合譯: ウパニシヤツドより佛敎まづ, 大雄閣, 昭和 5年.

Hume, Robert Ernest (trans.): *The thirteen principal Upanishads.*

Oxford, 1921.

Paul Deussen.*"The Religion and Philosophy of India Series."*New York: T. and T. Clark, 1908.

Radhakrishnan, S: *The Philosophy of the Upamishads.* London, l924.

Ramachandra Dattatraya Ranade: *A Constructive Survey of Upanishadic Phylosophy.* poona: Oriental Book Agency, 1926.

Keith, Arthur Berriedale: *The Religion and Philosophy of the Veda and Upanisads.* Cambridge, Mass., 1925.

Sharvananda, Swami (Skr. and trans.): *The Upanashads Series: Isha, Kena, Katha, Prasna, Mundaka, Mandukya, Aitareya, Taittiriya. Mylapore, Madras.*

Coomaraswamy, Ananda K. Recollection: *Indian and Platonic and The One and Only Transmigrant.* New Haven, 1944.

Coomaraswamy, *The Upanishads* (a new transIation). New York, Published by Bonanza Books, a division of Crown Publishers, Inc:, By arrangement with Harper & Brothers, 1949.

The Upanishads. Translated and annotated by Swami Nikhilananda. New York: Harper & Brothers, Vol.I, 1949.

The Upanishads. Translated and annotated by Swami Nikhilananda. New York: Harper & Brothers Vol.II, 1952.

F. Max Müller: *Upanishads,* 2 parts, 1879, 1884. (SBE I XV).

A History of Pre-Buddhistic Indian Philosophy, Calcutta, 1921.

高楠順次郎: ウパニシヤツト全書 9 巻(大正 11~13).

中村元: インド思想の諸問題.

Nikhilananda, Swami (Skr. and trans): *The Mandaka Upanisad. With Gaudapada's Karika and Sankara's Commentary.* Mysore, 1936.

Nikhilananda, (trans.). *The Upanishads, Vol.*I (Katha, lsa, Kena, Mundaka). New York, 1949.

Madhavananda, Swami (Skr. and trans): *The Brhadaranyaka Upanisad. With the Commentary of Sankaracarya. Mayavati, Almora, Himalayas.*

The Upanishads. Translated and annotated by Swami Niklihilananda. New YorK ; Harper & Brothers, Vol.III, 1956.

제4장 都市의 發達과 自由로운 思索의 開花

Stevenson, Mrs. S. *The Heart of Jainism.* Camlbridge, 1916.

Jaini, Jagmandar Lar. *Outlines of Jainisme.* Cambridge, 1916.

Jaini, (ed. and trans.). *Tattvarthahigama Sutra.* (Sacred Books of the Jainas.) Arrah.

Jacobi, Hermann."*Jainism,"in Hastings,* ERE, Vol.VII, pp.465-74.

Jacobi, *Jaina Sutras.* SBE, vols. XXII and XLV.) Oxford, 1884 and 1895.

Guerinot, Armand Albert. *La religion d jaina.* Paris, 1926.

Richard Garbe."*Lokayata."*ERE 13vols New York: 1928. Vol III.

Sacred Books of the Jainas. Vol II. Arrah and Lucknow:

Central Jaina Publishing House, n.d.

Chakravarti, Appasvami (ed. and trans).

Kundakundacarya's Pancastikayasara. (Sacred Books of the Jainas.) Allahabad, 1920.

Glasenapp, Helmuth Von: *Der Jainismus, Eine indische Erlosungs religion* Berlin, 1925.

Faddegon, Barend (trans.) *The Pravacana-Sara of Kundakunda Acarya.* (Jain Literature Society Series.) Cambridge, 1935.

as Executed in the early Western Indian Style. Washington, 1934.

Faddegon, *Manuscript Illustrations of the Uttaradhyayana Sutra.* New Haven, 1941.

A.L. Basham: *History and Doctrines of the Ajivikas,* London, 1951.

D. Chattopadhyaya: *Lokayata, A study in Ancient Indian Materialism,* New Delhi, 1959.

W. Schubring: *Die Lehre der Jainas,* Berlin, 1935.

金倉圓照, 印度古代精神史, 岩波書店. 昭和 14年.

宇井伯壽. 六師外道研究, 甲子社書房, 大正 14年

宇井伯壽, 六十二見論, 甲子社書房, 大正 15年.

金倉圓照, 印度精神文化の研究, 培風館, 昭和 19年.

Brown, W. Norman. *The Story of Kalaka. Texts, History, Legends, and Miniature Paintings of the Svetambara Jain Hagiographical Work* ; The Kalakacanyakatha. Washington, 1933.

Brown, *Miniature Paintings of the Jaina Kalpasutra.*

제5장 原始佛敎時代

Fausboll, V. (trans.) *The Sutta-Nipata.* SBE, Vol. X, Part II. Oxford, 1881.

Müller, F Max (trans.) *The Dhammapada.* SBE, Vol.X. Part I. Oxford, 1881.

H. Oldenberg: *Buddha. Sein Leben, Seine Lehre, Seine Gemeinde,* Berlin, 1881.

Davids, T.W. Rhys. *Buddhist Suttas.* SBE, Vol.XI. Oxford, 1881.

Oldenberg, H: *Buddha, His life, His doctrine, His order.* London, and Edinburgh: Williams and Norgate, 1882.

Speyer, J. S. (trans.) *The Jatakamala.* (Sacred Books of the Buddhists, Vol.I.) London, 1895.

J. Takakusu: *A Record of the Buddhist Religion as practised in India and the Malay Archipelage by I-Tsing* Oxford, 1896.

Brahmajalasuttanta. Translated by T. W. Rhys David Sacred Books of the Buddhists. Vol.II. Oxford, 1899.

Manmatha Nath Shastri: *Buddha: His life, His Teachings, His order. Society for the Resuscitation of Indian Literature,* Calcutta, 1901.

Cowell, E. B.(ed. and trans.). *The Jataka, or Stories of the Buddha's Former Births.* 6vols. Cambridge, 1895-1907.

Moore, Justin Hartley (trans.). *Saying of the Buddha, the Iti-vuttaka.* New York, 1908.

Hackmann, H: *Buddhism as a Religion.* London: Probsthain, 1910.

Hackmann, *Early Buddhism.* London: Constable and Co., 1910.

Mrs. C. A. F. Rhys Davids: *Buddhism.* H. Holt & Co., New York, 1912.

Rhys Davids, *Gotama the Man.* London: Luzac and Co., 1928.

A. Cetty: *Gods of Northern Buddhism,* Oxford. 1914.

Coomaraswamy, Ananda: *Buddha and the Gospel of Buddhism.* London, George G. Harper & Company, 1916.

Poola Tirupati Raju: *Idealist Thought of India.* Cambridge: Harvard University Press.

Thomas, E. J. Francis, H. T. (selected and edited by), *Jataka Tales.* England, Cambridge University Press, 1916.

J. Prazyluski: *La parinirvana et les Funerailles du Buddha,* Ja 1918-20.

R. Pischel: *Leben und Lehre Des Buddha,* Leipzig, 1921.

Burlingame, E. W: *Buddhist Parables. New Haven:* Yale University press, 1922.

Henry lary Clark Warren: *The Life of the Buddha.* Harvard University Press, 1922.

Bhikku Subhadra: *The Message of Buddhism.* Routledge & Kegan

Paul, London, 1922.

Warren, Henry clarke (tans.) *Buddhism in Translations.* (Harvard Oriental Series, Vol.III.) Cambridge, Mass, 1922.

Saunders, K. J: *Epochs in Buddhist History. Chicago:* University of Chicago-press, 1922.

Keith, Arthur Berriedale. *Buddhist Philosophy in India and Ceylon.* Oxford, 1923.

Th. Stcherbatsky: *The central conception of Buddhism,* 1923.

Beal, Samuel: *Buddhist Records of the Western World.* London, Kegan Paul, Trench, Trubner & Co., (translated from the Chinese of Hiuen tsiang, A. D. 629)

Hodous, L: *Buddhism and Buddhists in China.* New York: Macmillian, 1924.

Bhattacharyya, Benoytosh. *The Indian Buddhist Iconography.* Oxford, 1924.

F. L. Woodward: *Some Sayings of the Buddha.* "World's Classics." Oxford University Press, London, 1925.

Davids, T. W. and C. A. F. Rhys (trans.) *Dialogues of the Buddha.* (Sacred Books of the Buddhists, Vols.II, III, IV), London, 1899. 1910. 1921.

Davids, (trans). *Buddhist Birth Stories.* London, 1925.

Further Dialogues of the Buddha. Translated from the Majjhima Nikaya by Lord Chalmers. London: Oxford University Press, 1926.

Brewster, E. H. *The life of Gotama the Buddha.* New York: E. P. Dutton and Co., 1926.

J. Prazyluski: *Le concile de Rajagrha introduction a L'histoire des canons et sectes boddiques,* paris, 1926.

Stcherbatsky, Th: *The Conception of Buddhist Nirvana* Leningrad, 1927.

E. J. Thomas: *The Life of Buddha as Legend and History.* Knopf, New York, 1927.

Thomas E. J: *History of Buddhist thought.* New York: Knopf, 1933.

Horner, I: *Women under primitive Buddhism.* London, G. Routledge and Sons, 1930.

Coomaraswamy, Ananda K. Yaksas. Washington, 1928-31.

Coomaraswamy, *Buddha and the Gospel of Buddhism.* New York, 1916.

Coomaraswamy, *Hinduism and Buddhism.* New York, no date.

Coomaraswamy, *Elements of Buddhist Iconography.* Cambridge, Mass. 1935

Hamilton, C. H. *Buddhism in India, Ceylon, China, and Japan ; a Guide to reading.* Chicago, 1931.

Radhakrishnan, S. *Gotama the Buddha. Bobay Hind Kitabs,* 1945. (Reprinted in his translation of the Dhammapada, Oxford University Press, 1950).

Mrs. Rhys Davids: *Saka or Buddhist origins,* London, 1931.

Bhattacharyya, Benoytosh: *An Introduction to Buddhist Esoterism.* Oxford, 1932.

Eliot, sir Charles. *Hinduism and Buddhism.* 3vols. London E. Arnold and co., 1921.

Woodward, F. L., and Hare, E. M. *The book of the Gradual Sayings* (Anguttara-Nikaya). 5vols. London, 1932-36.

Grousset, Rene, *In the Footsteps of the Buddha,* London, George Routledge & Sons, Ltd., 1932.

Waddell, L. A. *The Buddhism of Tibet.* Cambridge (England) ; W. Heffer and Sons, 1939.

Alexandar David-Neel: *Buddhism: Its Doctrines and Methods,* John Lane, London, 1939.

A popular introduction ; contains passages from the Dhammapada. translated by madame David-Neel.

H. von. Glassenapp: *Buddhische Mysterien,* Stuttgart, 1940.

Babbit, Irving, *The Dhammapada.* New York, New Directions Paperbook, 1965. Also published by Oxford Press, 1936.

Arnold, Sir Edwin, *The Light of Asia. -The Life and Teaching of Gautama, prince of India and founder of Buddhism-,* (敍事詩 의 形式으로 經典의 文句를 獨白으로 처리한 著述임.)

Ananda Coomaraswamy and I.B. Horner: *The Living Thoughts of the Buddha.* Cassell, London, 1948. by Coomaraswamy *Hinduism and Cuddhism* (Philosophical Library, New York).

F. H. Smith ; *The Buddhist Way of life.* Hutchinson's University library, London, 1951.

S. Dasgupta: *Obscure Religious cults, calcutta,* 1952.

S. Dasgupta: An *Introduction to Tantric Buddhism,* Calcutta, 1950.

Goddard, Dwight (editor). *A Buddhist Bible.* New York, E. P. Dutton & Co. Inc., 1952.

Hamilton, C. H. Buddhism. New York: *The Liberal Arts Press,* 1952.

E. W. F. Tomlin: *Great Philosophers of the East.* Skeffington & Son, London, 1952. Arrow Books, 1959.

C. H. S. Ward: Buddhism, Vol.I (Hinayana). 1947 ; Vol.II (Mahayana), 1952. The Epworth Press, London.

Henri de Lubac, S. J: *Aspects of Buddhism.* Sheed & Ward, London, 1953.

S. Luzanne: *Heritage of Buddha: The story of Siddhartha* Gautama. The Philosophical Library, New York, 1953.

Buddhist Texts. Edited by Edward Conze in collaboration with I. B. Horner et al. New York: Philosophical Library, 1954.

The Dhammapada. Trnaslated from the Pali text and annotated by S. Radhakrishnan. London: Oxford University Press, 2nd. imp., 1954.

Evans-Wentz, W. Y. *The Tibetan book of the Dead.* London, Oxford University press, 1951.

vans-Wentz, *The Tibetan Book of the Great Liberation or the method of Realizing Nirvana Through* Knowing the mind. London, Oxford University Press, 1954.

Anil de Silva-Vigier: *The life of the Buddha Retold from Acncient Sources.* Phaidon Press, London, 1955.

T. R. V. Murti: *The Central Philosophy of Buddhism.* Allen & Vnwin, London, 1955.

Burtt, E. A., *The Teachings of the Compassionate Buddha,* New York mentor Religious Classic, New American Library, 1955.

Morgan, Kenneth W. (editor), *The Path of Buddhism: Buddhism Interpreted by Buddhists.* New York, The ronald Press Company, 1956.

G. C. Pande: *Studies in the Origines of Buddhism, Ancient History Reserch Series,* I Allahabad, 1957.

John B. Noss: *Man's Religions. Macmillian,* New York: (神學的 立場 에서의 서술.)

D. L. Snellgrove. *Buddhist Himalaya.* New York: Philosophical Library, 1957.

Grimm, *George: The Doctrine of the Buddha.* Berlin, Akademie- verlag, 1958.

E. Lamotte: *Histoire du Buddhisme indian,* Louvain, 1958.

E. F. C. Ludowyck: *The Footprints of the Buddha.* Allen & Unwin, London, 1958.

Conze, Edward, Buddhism: *Its Essence and Developement,* New

York, Harper Torchbooks, 1959.

Conze, (editiors: Conze, E., Horner, I. B., Snellgrove, D., Waley, A.), *Buddhist Texts Through the ages.* Oxford, Burno Cassier, Ltd., 1954.

Edward Conze: *Buddhist Scriptures.* Penguin Books, London, 1959.

G. F. Allen: *The Buddha's Philosophy.* Allen & Unwin, London, 1959.

P. V. Bapat, ed.: 2500 *Years of Buddhism.* Publications Division, Government of India, 1956.

Raghavendra Basak: *The life of the Buddha.* Collins, London, 1959.

Max Weber: *The Religion of India. The sociology of Hinduism and Buddhism.* The Free Press of Glencoe, 1962.

V. S. Narvane: *The Elephant and the Lotus.* Bombay Asia Publishing House, Bombay, 1966.

D. D. Kosambi: *An Introduction to the Study of Indian History,* Bombay, 1959.

D. D. *The Culture and Civilization of Ancient India,* London, 1965.

Humphrey ; *The Wsidom of Buddhism,* (Random House, 1961).

Nolan Pliny Jacobson: *The Religion of Analysis.* Allen & Unwin, London, 1966. Contains a lucid essay on Buddhism by de la Vallee Poussin.

Sir Edwin Arnold: *The Light of Asia or The Great Renunciation.* Routledge & Kegan Paul, London, 1891.

Arnold: *The Life and Teaching of Gautama,* Prince of India and Founder of Buddhism.

N. Dutt: *Early Monastic Buddhism,* 2vols. Calcutta, 1941-45.

M. Hofinger: *Etud es surle concile de Vaisali* (Bibliotheque du Museon) Vol.210. Louvain, 1946.

E. Waldschmitt: *Die Ueberlieferung vom Lebensende des Buddha,*

Gottigen, 1944-48.

M. Ladner: *Gotama Buddha. Seine Werden, Seine lehre, Seine Gemeinde,* Zurich, 1948.

A. Foucher: *La vie du Buddha d'apres les texts et les monument de Linde,* Paris, 1949.

Holmes, Edmond, *The creed of Buddha,* London, the Bodley Head, 1949.

H. Von Glasenapp: *Buddha, Geschichte und Lenged,* Zurich, 1950.

Ali, Aamir, *The Story of the Buddha.* London, Oxford University Press, 1952.

E. Lamotte: *Le Traite de la grande vertue de sagesse,* 2vols. Louvain, 1944, 1949.

Andre Bareau: *La date du Nirvana, Ja.* 1953.

A Foucher et J. Auboyer: *Les vies anterieures du Boddha,* Pari, 1955.

Humphreys: *Christman, Buddhism.* England, Penguin Books, 1951.

Humphreys: *A Popular Dictionary of Buddhism.* New York. Citadel Press, 1962.

Waley, Arthur, *The Real tripitaka, and other pieses.* London, George Allen & Unwin Ltd., 1952.

E. Frauwaller: *De Buddhistischen Konzile,* ZDMG, 1952. *The Earlist Vinaya and the Beginning of Buddhist.* Literatuer (Serie Orientale Roma VIII), Roma, 1956.

A. Bareau: *Les premiers conciles boddhiques,* (Annales du Musee guimet, Bibliotheque D'etuds, LX), paris, 1955.

S. Dutt: *Early Buddhist Monachism,* London, 1924. *Buddhist Monks and Monasteries of India, Their History and their Contribution to Indian Culture,* London, 1962.

Sir Charles Eliot: *Hinduism and Buddhism,* 3 volumes. Routledge &

Kegan Paul, London, 1921. (比較思想的 立場에서 佛教의 論理
를 서술함.)

N. Gangulee ; *The Buddha and his message.* Popular Book Depot,
Bombay, 1957. An anthology of Buddhist texts, linked by a running
commentary by a Bengali scholar. Introduction by Dr. S.
Radha-krishnan ; preface by miss I. B. Horner.

N. Ramesan: *Glimpses of Buddhism. Government of Andhra Pradesh,*
India, 1961.

Walpora Rahula: *What the Buddha taught.* Grove Press, New York,
1962. First published, 1959.

Richard A. Gard: *Buddhism.* Washington SQ Press, New York, 1963.
(年表의 詳細한 註를 붙인 大作.)

龍山章眞: 印度佛教史槪說, 昭和 13年. 法藏館

宇井伯壽: 佛教經典史, 昭和 32年, 東成出版社

和辻哲郎: 原始佛教の實踐哲學, 岩波書店, 昭和 2年.

水野弘元: パーリ語文法, 山喜房佛書林, 昭和 30年.

增永靈鳳: 根本佛教の研究, 風間書房, 昭和 23年.

渡邊楳雄: 佛陀の教說 三省堂, 昭和 10年.

西義雄: 原始佛教に於ける般若の研究, 大倉山文化科學研究所, 昭和 28年.

干潟龍祥: 本生經類の思想史的研究, 東洋文庫, 昭和 29年.

木村泰賢, 影山哲郎 共譯: 佛陀(Oldenberg 著).

鈴木重信譯: 佛陀の生涯と思想(Pischel 著).

渡邊照宏譯: 佛陀(Beckh 著).

中村元: 釋尊のことば 春秋社, 昭和 33年.

佐藤密雄: 原始佛教教團の研究, 山喜房佛書林, 昭和 38年.

平川彰: 原始佛教の研究, 春秋社. 昭和 39年.

早島鏡正: 初期佛教と社會生活, 岩波書店, 昭和 39年.

宇井伯壽: 佛滅年代論(印度哲學研究第二) 甲子社書房, 大正 14年.

金倉圓照: 釋迦(日本叢書9), 昭和 21年.

中村元: 釋尊傳, 法藏館, 昭和 33年.

水野弘元: 釋尊の生涯, 春秋社, 昭和 35年.

雲井昭善: 佛教の傳說, 春秋社, 昭和 35年.

岩本裕: 佛教說話, 筑摩書房, 昭和 39年.

字井伯壽: 根本佛教に於ける僧伽の意義, 甲子社書房, 昭和 2年.

水野弘元: 原始佛教, 平樂寺書房, 昭和 31年

舟橋一哉: 原始佛教思想の研究, 法藏館, 昭和 37年

佐藤密雄: 原始佛教教團の研究, 山喜房, 昭和 38年.

早島鏡正: 初期佛教と社會生活, 岩波書店, 昭和 39年.

塚木啓祥: 初期佛教教團史の研究, 山喜房, 昭和 41年.

龍山章眞: 印度佛教史, 法藏館, 昭和 13年.

中秋元: インドの佛教, 大藏出版, 昭和 34年.

山口. 橫超

安藤, 舟橋 佛教學序說, 平樂社, 36年

A Bareau: *Les sectes boddhique du petit vehicule,* Saigon, 1955.

J. N. Banerjee: *School of Buddhism in early Indian Inscriptions,* IHQ, 1948.

Takakusu, Junjiro: *The Essentials of Buddhist philosophy.* Honolulu, 2nd edition, 1949.

Pratt, J. B: *The pilgrimage of Buddhism.* New York, The Macmillan Company, 1928.

Nyanaponika, thera, the Heart of the Buddhist meditation. Colombo, Ceylon, The word of the Buddha Publishing Committee, 1954.

Thomas, E. J. *Early Buddhist Scriptures,* London, Kegan Paul, Trench Trubner & Co., 1935.

Thomas, *History of Buddhist Thought.* London, Routledge & Kegan Paul, Ltd., 1953.

Thomas, *The Life of Buddha as Legend and History.* New York, Barnes & Noble., 1960.

李箕永: 석가, 知文閣, 1964.

金東華: 佛敎學槪論

黃晟起: 佛敎學槪論, 1967.

洪庭植: 佛敎入門, 1972, 東國出版社

徐景洙: 世俗의 길 涅槃의 길, 1966.

東國譯經院: 佛敎聖典, 1972.

李元燮譯: 現代人의 佛敎, 玄岩社

李箕永: 佛敎槪論(프린트本), 韓國佛敎硏究院, 1975.

法頂譯: 부처님의 일생(渡邊照宏, 繹尊), 샘터문고, 1975.

徐景洙: 히말리야의 智慧, 圓音閣, 1966.

S. J. Masson: *Towards the Meeting with Buddhism,* 1970. Ancora-
　　　Roma.

增谷文雄: 根本佛敎と大乘佛敎, 昭和 46年.

宮峙忠尙: 佛敎物語, 昭和 47年.

中村元: 原始佛敎 その思想と生活, 日本放送出版協會, 昭和 43年.

菊迦紀彦: 釋迦の豫言, 昭和 49年.

增谷文雄: 佛敎百話, 筑摩敎養選 4.

增谷文雄: 東洋思想の形成, 富山房, 昭和 39年.

P. Lal: *Dhammapada, Calcutta,* 1966.

Nancy Wilson Ross, *Three ways of Asian Wisdom,* 1968.

Allie M. Fiazier, Buddhism.

舟橋一哉: 原始佛敎思想の硏究, 法藏館.

제6장 國家의 統一과 佛敎의 變貌

Buhler, G. (trans.). *The laws of Manu.* (S. B. E, Vol.XXV.) Oxford,
　　　1886.

Buhler, *The sacred Laws of the Aryas.* S. B. E, vols.II and XIV.)
　　　Oxford, 1879 and 1882.

V. Trenckner: *The Milindapanha ; being Dialogues between King. Milinda and the Buddhist Sage Nagasena,* London.

J. F. Fleet: *Inscriptions of the Early Gupta Kings and their successors* (corpus Inscriptionum Vol.III), Calcutta, 1888.

E. Senart: *Les inscriptions de piyadas,* 2 *tomes,* Paris, 181-86. (The Inscriptions of piyadasi, English Translation by G. A. Grierson, XX, 1890.

Rhys Davids (trans.) *The Questions of King Milinda.* S. B. E, Vols.XXXV and XXXVI.) Oxford, 1890 and 1894.

Macdonnel, Arthur A.: *A History of Sanskrit Literature.* London, William Heinemann, 1900.

Smith, Vincent A. Asoka: *the Buddhist Emperor of India.* Oxford, 1901.

Vincent A. Smith: *Asoka, the Buddhist emperor of India,* 3rd ed. Oxford, 1920.

D. R. Bhandarkar, S. Majumdar: *The Inscriptions of Asoka,* Calcutta, 1920.

J. Praluski: *La Legende de L'empereur Asoka, Dans les texts indienste chinois* (annales du Musee Guimett. 32), Paris, 1923.

Shamasastry, R. (trans.): *Kautiliya Archasastra.* Bangalore, 1915 ; 2nd edition, 1923.

L. de la Vallee Poussin: *L'Abhidharmakosa de Vasubandhu, traduit et annotee,* 6vols. paris, 1923-31.

A. C. woolner: *Asoka, Text and glossary.* 2pts. calcutta, 1924.

E. Hultzsch: *Inscriptions of Asoka,* (Corpus Inscriptionum Indicarum Vol.I), Oxford, 1925.

P. Demieville: *Les versions chinoises du Milindapanha,* BEFEO. XXIV, Paris, 1924.

D. R. Bhandarkar: *Asoka.* Calcutta. 1925.

Macdonnel, Arthur A. ; *Sanskrit Grammar for Students,* Oxford and New York, Oxford Univ. Press, 1927.

L. de la Vallee Poussin: *L'inde au temps des Maurya,* Paris, 1930.

R. D. Banerji: *The Age of the Imperial Guptas,* Benares, 1933.

R. C. Majmdar, & A. S. Altekar: *the Vakataka-Gupta Age,* Banares, 1946.

Henri Deydier: *La date de kaniska, Ja,* 1951.

Henri *Contribution a L'etude de l'art du Gandhara,* Paris. 1950.

J. Bloch: *Les inscriptions d,Asoka,* Paris, 1950.

Whitney, William Dwight: *A Sanskrit Grammar, Including both the classical language and the older dialects, of Veda and Brahmana,* Cambridge, Mass., Harvard Univ. Press, 1950.

W. W. Tarn: *Greks in Bactria and India,* 2nd ed., Cambridge, 1951.

Ray, Niharranjan. *An Introduction to the study of Theravada Buddhism in Burma,* Calcuttta. University of Calcutta, 1946.

Conze: Abhisamayalamkara Roma, 1954.

Narada, Thera: *Buddhism in a Nutshell.* Colombo, Ceylon, the Ceylon Daily News, 1954.

Narada, (translator), *the Dhammapada. wisdom of the East Series.* London, John murray, 1954.

P. H. L. Eggerment: *The Chronology of the Reign of Asoka Maurya,* Leiden, 1956.

P. H. V. Guenther: *Philosophy and Psychology in the Abhidharma,* 1957.

R. Thapar: *Asoka and the Decline of the Mauryas,* Oxford, 1961.

Sri Ram Jee Singh: *"Karmic Idealism of the Jainas."* Indian Philosophical Annual, Vol.I, Edited by T. M. P. Mahadevan. University of Madras, 1967.

中村元イ: ンドとギリシアとの思想交流, 春秋社, 昭和 43年.

中村元, 初期のヴエーダーンタ哲學, 昭和 43年.

中野義昭, カウテイルセ實利論, 昭和 19年, 生活社.

宇井伯壽, 阿育王刻文, 昭和 2年.

中村元, 宗教と社會倫理.

高田修, 印度南海の佛教美術, 創藝社, 昭和 18年.

H. Oldenberg: *The Grhya-Sūtra.* (SBE)

Heinrich Lüders: *A List of Brāhmī Inscriptions from the Earliest Times to about A. D. 400 with the Exception of Those of Aśoka,* 1912.

N. Dutt: *Early History of the Spread of Buddhism and Buddhist Schools,* London, 1925.

M. Walleser: *Die Sekten des alten Buddhismus,* Heidelberg, 1927.

渡邊楳雄: 有部阿毘達磨論の研究, 平凡社, 昭和 29年.

渡邊楳雄: 上代印度佛教思想史, 昭和 23年.

木村泰賢: 小乘佛教思想論, 大法輪閣, 昭和 43年.

Otto Rosenberg: *Problems der Buddhistischen Philosophie,* 1918. Deutsch: Heidelberg, 1924.

Stcherbatsky: *The Central Conception of Buddhism and the meaning of the World.* London, 1923.

金岡秀友譯: 小乘佛教概論, 理想社, 昭和 38年.

池田澄達: マハーバラタとラーマーセナ(日本評論社, 昭和 19年)

Holtzmann: *Das Mahābhārata, 4 Bände,* Kiel, 1892~95. (ERE) 中村元, 神話と傳說.

P. Deussen und Strauss: *Vier Philosophische Texts des Mahābhāratum,* Leipzig, 1906.

K. T. Teleng: *The Bhagavatgīta, with Sanatsujātītya* (S. B. E.).

H. Hopkins: *The Great Epic of India,* New York, 1901.

高楠順次郎: 印度古聖歌, 改造社, 昭和 25年.

辻直四郎: バガヴァツドギー, 夕刀江書院, 昭和 25年.

Georg Bühler: *The Laws of Manu,* SBE, 1886.

中野義照譯註: マス法典, 日本印度學會, 昭和 26年.

田邊繁子譯: マヌの法典, 岩波文庫, 昭和 28年.

J. Jolly: *Recht und sitte,* Strassburg, l896.

P. V. Kane: *History, of Dharmaśāstra,* Poona, 1930-1953.

水野弘元: 佛敎の分派とその系統, 大藏出版, 昭和 34.

靜谷正雄編: インド佛敎碑銘目錄, 平樂社, 昭和 41年.

山田龍城: 部派敎團の背景, 平樂社, 昭和 34年.

平川彰: 律藏の研究, 山喜房, 昭和 35年.

前田惠學: 原始佛敎聖典の成立史研究, 山喜房. 昭和 39.

佐伯旭雅: 冠導阿毘達磨俱舍論.

舟橋一哉: 業の研究, 法藏館, 昭和 30年.

梶川乾堂: 俱舍論大綱, 明治 14年.

高木俊: 俱舍敎義, 大正 8年.

舟橋水哉: 俱舍學講義, 昭和 8年.

齋藤唯信: 俱舍論頌講話. 大正 9年.

山口益 舟橋一哉: 俱舍論の原典解明.

宇井伯壽譯: 成實論.

水野弘元譯: 清淨道論.

長井: 根本佛敎の研究.

水野弘元: パーリ佛敎を臣中心とした佛敎の心識說, 山喜房, 昭和 39年.

福原亮嚴: 有部阿毘達磨論書の發達, 永田文昌堂. 昭和 40年.

金東華: 俱舍學, 1971. 文潮社.

舟橋一哉: 俱舍論索引, 法藏館.

제7장 統一國家의 崩壞와 大乘佛敎의 대두

Samuel, Beal: *The Travels of Fa Hian and Sung Yun, Buddhist Pilgrims, from China to India,* London, 1869.

Cowell, E. B., Müller, F. Max, and Takakusu, Junjiro (trans) *Buddhist Mahayana Sutras,* (Buddha-Carita of Asvaghosa ; Larger and Smaller Sukhavati-vyuhas ; Vajracchedika ; Larger and Smaller Prajna-Paramita Sutras ; Amitayur-dhyana Sutra). SBE, Vol.XLIX. Oxford, 1894.

D. T. Suzuki: *Asvaghosa's awakening of Faith in the Mahayana,* Chicago. 1900.

Kern, H. *Manual of Indian Buddhism.* Strassburg, 1896.

Kern, (trans.). *The Saddharma Pundarika, or The Lotus of the True Law.* SBE, Vol.XXI. Oxford, 1909.

Besant, Annie (Skr. and trans.). *The Bhagavad Gita. 4th and revised edition,* London, 1912.

Mcgovern, W. M., *Introduction to Mahayana Buddhism.* London, Kegan Paul, Trench, Trubner & Co., 1922.

Suzuki, Daisetz Teitaro. *Outlines of Mahayana Buddhism.* Chicago, 1908.

Suzuki, *Essays in Zen buddhism.* 3vols. Kyoto and London, 1927. 1933. 1934.

Suzuki, *Studies in Lankavatara sutra.* London, 1930.

Suzuki, *Introduction to Zen Buddhism.* Kyoto, 1934 ; New York, 1949.

Suzuki, *The Zen Doctrine of No-Mind.* London, 1949.

Suzuki, *Living by Zen.* Tokyo, 1949.

Suzuki, (trans.) *The manual of Zen Buddhism.* Kyoto, 1935 ; London, 1950.

La Vallee Poussin, Louis De: *The Way to Nirvana.* Cambridge, 1917.

La Vallee Poussin, *Bouddhisme.* 3rd edition, Paris, 1925.

H. Ludrs: *Bruckstucke der Kalpanamanditika des Kumaralata,* Leitzig, 1926.

Madhyamika-Sastra of Nagarjuna with Commentary by Candrakirti. Translated by Stcherbatsky. Leningrad: 1927. Quoted by Moore(2)

Johnston: *The aundarananda of Asvaghosa,* London, 1928.

Mukerji, D. G. (trans.). *The Song of God* (Bhagavad Gita.), New York, 1931.

E. Lamotte: *Madhyamakavrtti XXII chaptire:* Examen de L'acte et du fruit, MCB IV, p.265-288, Bruxelles, 1936.

Radhakrishnan, Sarvepalli, The Bhagavad Gita. New York, Harper & Brothers, 1948.

Radhakrishnan, The Hindu View of Life. New York, The Macmillan Company, 1931.

E. Lamotte: *La Somme des grandes vehicule d'asanga.* 2vols. Louvain, 1938-9.

Nikhilananda, Swami (trans.): *The Bhagavad Gita.* New York, 1944.

Sarma, D. S: *The Prince of Ayodha,* (a retelling of the Ramayana). Madras, Shri Ramakrishna Math, 1946.

Sarma, *The renaissance of Hinduism,* India Benares Hindu University, 1944.

Isherwood, Christopher, and prabhavannda, Swami, Bhagavad Gita: *The Song of God,* London, Phoenix House, 1947.

Suzuki, B. L. *Mahayana buddhism.* London: D. Marlowe, 1948.

J. W. de Jong: *Cinq chapitres de la Prasannapada,* Paris, 1949.

Anil Kumar Ray Chaudhuri: *The Doctrine of Maya.* Calcutta: Das Gupta & Co., 1950.

Rajagopalachari, C., *Mahabharata* (a retelling of the Indian). New Dellhi, The Hindustan Times, 1950.

The Bhagavad Gita, or Song of the Lord. Translated and annotated by swami Nikhilananda. New York: Ramakrishma Vivekananada

Centre, 1952.

Wood Ernest: *Great Systems of Yoga.* New York, Philosophical Library, Inc., 1954.

E. Lamotte: *Sandhinirmocanasutra,* Louvain, 1953.

S. Mookerji: *The Buddhist Philosophy of universal Flux,* Calcutta, 1953.

Thomas, P., Epics: *Myths and legends of India.* Bombay, D. E: *Tarapor-evala* Sons & Co., Ltd No., date.

Thomas, *Hindu Religion Customs and Manners,* Bombay, D. B. Tarapor-evala Sons & Co., Ltd No date.

Tennyson, Hallam: *India's walking Saint: The story of Vinoba Bhave.* New York, Doubleday & Company, Inc., 1955.

Wadsworth, cleome Carroll, *Bhagavad Gita, A Psychological recension.* New York, Pagent Press, 1965.

G. M. Nagao: *Index to the Mahayana-Sutralamkara,* 2 vols, Tokyo, 1958. 1961.

TH. Stcherbatsky: *Buddhist Logic,* 2vols. Bibliotheca Buddhica no. 26, leningrad, 1930, 1932. Indo-Iranian Reprint IV, 1958.

Ramayana. Tr.C. *Rajagoaplchari.* Bombay: Bharatiya Vidya Bhavan, 1965.

Takashi Hirano: *An index to the bodhicaryavatara panjika,* chap. IX, Tokyo, 1966.

J. May: *Prasannapada Madhyamakavrtti,* Paris, 1959.

The Bhagavadgita. Translated and annotated By S, Radhakrishnan. London, George Allen & Unwin, 7th imp. 1963.

E. B. Cowell, M. Müller, & J. Takakusu: *Buddhist Mahāyāna Texts'* S.B.E.(reprint) Delhi, 1965.

椎尾辨匡: 佛敎經典槪說, 甲子社, 昭和 8年.

木村泰賢: 大乘佛敎思想論, 大法輪閣, 昭和 42年.

宮本正尊編: 大乗佛教の成立史的研究. 三省堂, 昭和 29年.

大野法道: 大乗戒經の研究, 理想社, 昭和 29年.

高田修・佛像の起源, 岩波書店, 昭和 42年.

中村元, 紀野一義: 般若心經, 金剛般若經, 岩波文庫, 昭和 35年.

西義雄・初期大乗佛教の研究, 大東出版社, 昭和 20年.

望月信享: 淨土教の起原及發達, 共立社, 昭和 5年.

矢吹慶輝: 阿彌陀佛の研究. 昭和 12年.

坪井俊映: 淨土三部經概説, 降文館, 昭和 40年.

中村元, 紀野一義譯: 淨土三部經, 岩波文庫, 昭和 38年.

南條文雄: 泉芳璟共譯: 梵漢對照新譯 法華經, 大正 2年.

本田義英: 法華經論, 昭和 19年.

布施浩岳: 法華經成立史.

渡邊楳雄: 法華經を中心にしての大乗經典の研究, 青山書院, 昭和 31年.

宮本正尊: 中道思想及びその發達, 法藏館, 昭和 19年.

金岡秀友譯: 大乗佛教概論, 理想社, 昭和 32年.

山口益: 中觀佛教論攷, 弘文堂, 昭和 19年.

白鳥庫吉: 西域史研究, 上, 岩波書店, 昭和 16年.

中村元: 大乗佛教成立の社會的背景, 三省堂, 昭和 29年.

佐佐木教悟: クシャーナ時代における佛教の考察, 大谷學會, 昭和 29年.

金倉圓照: 馬鳴の研究, 平樂社, 昭和 41年.

望月信享: 佛教經典成立史論, 法藏館, 昭和 21年.

山田龍城: 梵語佛典の諸文獻, 平樂社., 昭和 34年.

中村元編譯: 經典, 筑摩書房, 昭和 40年.

梶芳光運: 原始般若經の研究, 山喜房, 昭和 19年.

紀野一義: 法華經の探究, 平樂寺, 昭和 36年.

坂本幸男: 法華經の思想と文化, 平樂寺, 昭和 40年.

川田・中村編: 華嚴思想, 法藏館, 昭和 35年.

龍山章眞: 梵文和譯十地經, 破塵閣, 昭和 13年.

坂本幸男: 華嚴教學の研究, 平樂寺, 昭和 39年.

橋本芳契: 維摩經の思想的研究, 法藏館, 昭和 41年.

宮本正尊: 根本中と空, 第一書房, 昭和 18年.

宮本正尊: 中道思想とその發達, 法藏館, 昭和 19年.

山口益: 般若思想史, 法藏館, 昭和 26年.

山口益: 月稱造梵文中論釋, 弘文堂, 昭和 23, 24年.

池田澄達: 根本中論疏無畏論譯注, 東洋文庫, 昭和 7年.

上田義文: 大乘佛教思想の根本構造, 百華苑, 昭和 32年.

山口益: 空の世界, 理想社, 昭和 23年.

E. Burnouf: *Le Lotus de la bonne loi,* 2vols Paris, 1852.

McGovern, William. *Introduction to Mahayana Buddhism.* London, 1922.

Dutt: *Aspects of the Mahāyāna Buddhism and its Relation to Hinayana,* 1930.

Evans-Wentz, W. Y. (trans.) *Tibetan Yoga and Secret Doctrins.* London, 1935.

Evans-Wentz, (trans.) *Tibet's Great Yogi, Milarepa. A biography from the Tibetan.* London, 1928.

O. R. Shackleten Bailey: *The Satapancasataka of Matrceta,* cambridge, 1951.

T. R. V. Murti: *Central Philosophy of Buddhism,* London, 1955.

E. Frauwalner: *Die philosophie des Buddhismus,* Berlin, 1956.

E. Conze: *Buddhist Thought in India,* London, 1962.

A. Ashikaga(ed.) *Sukhavativyuha,* Kyoto, 1965.

H. Kern: *The Saddharmapundarika or the Louts of the true law,* (SBE XXI), Oxford, 1909.

Madhyantavibhagatika de Sthiramati, Expotion systhematique du Yoga-caravijnaptivada, ed. par S. Yamaguchi, Nagoya, 1934. (reprint Suzuki research Foundation, 1966).

E. Conze: *The Prajnaparamita Literature,* S-Gravenhage, 1958.

Astasa-hasrika Prajnaparamita, Clacutta, 1958.

E. Conze: *The Large Sutra on perfect wisdom,* 1961.

E. Lamotte: *L'Enseignement de Vimalakirti,* Louvain, 1962.

E. Lamotte: *La Concentration de la Marche Heroique,* (Suramgamasma-
　　　　dhisutra), Bruxelles, 1965.

J. Takasaki: *A Study on the Ratnagotravibhaga,* Roma, 1966.

上田義文: 唯識思想入門, あそか書店, 昭和 39年.

結城令聞: 心意識よりみたる唯識思想史の研究, 東方文化學院, 昭和 10年.

節木宗忠: 唯識哲學概說, 明治書院, 昭和 32年.

勝又俊敎: 佛敎における心識說の研究, 山喜房, 昭和 36年,

宇井伯壽: 瑜伽論研究, 岩波書店, 昭和 33年.

宇井伯壽: 梵漢對照菩薩地索引, 鈴木學術財團, 昭和 36年.

山口益譯註: 中邊分別論釋疏, 破塵閣, 昭和 14年.

宇井伯壽: 寶性論研究, 岩波書店, 昭和 34年.

宇井伯壽: 攝大乘論研究, 昭和 7年.

結城令聞: 世親唯識の研究, 青山書院, 昭和 31年.

山口益: 世親の成業論, 法藏館, 昭和 26年.

山口益: 世親と淨土論, 法藏館, 昭和 37年.

宇井伯壽: 大乘起信論(岩波文庫), 昭和 11年.

望月信亨: 大乘起信論, 富山房.

宇井伯壽: 陳那著作の研究, 岩波書店, 昭和 33年.

山口益: 佛敎に於ける無と有との對論, 弘文堂, 昭和 17年.

安井廣濟: 中觀思想の研究, 法藏館, 昭和 36年.

野澤靜證: 大乘佛敎瑜伽行の研究, 法藏館, 昭和 32年.

西尾京雄: 佛地經論の研究, 破塵閣, 昭和 34年.

金倉圓照: 悟りへの道, 平樂寺, 昭和 34年.

上田義文: 大乘佛敎思想の根本構造, 百華苑, 昭和 32年.

金倉圓照: 彌勒の法法性幷別論について, 昭和 23年.

宇井伯壽: 安慧護法唯識三十頌釋論, 岩波書店, 昭和 27年.

大野信三: 佛教社會・經濟學說の研究, 有斐閣, 昭和 31年.

節木重信: 耆那教聖典,

細川巖: 龍樹の佛教, 山喜房, 昭和 45年.

水野弘元: 佛教の心識論.

山口益: 中觀佛教論攷.

湯田豊: インドの思想, 1975.

馬田行啓: 印度佛教史, 大正 14年.

三枝充悳: インド佛教思想史, 1975.

石田瑞麿: 往生の思想, サーラ叢書, 1968.

石田充之: 淨土教教理史,

Kenneth K. Inada: *Nāgārjuna,* 1970. New York.

Sukumar Dutt: *Buddha and five after Centuries:* 1957. London.

Y. S. Haketa: *The Awakening of Faith:* 1967. London.

Edward Conze, *Vajracchedikā-Prajñāpāramitā,* 1957. roma.

Robinson: *Early Mādhyamika in India and China,* 1967. London.

李箕永: 金剛經・般若心經, 1972. 自由敎育協會.

山口益: 世觀の成業論, 法藏館.

山口益・野澤靜澄: 唯識の原典解明, 法藏館.

富貴原章信, 護法宗唯識考, 法藏館.

末綱恕一: 華嚴經の世界, 春秋社.

勝呂信靜: 大乘佛教, 佼成出版社.

服部正明: 認識と超越 <唯識>, 角川書店.

高崎直道: 如來藏・佛性思想, 理想社.

北川秀則: 中期大乘佛教の論理學, 理想社.

제8장 六派哲學

Colebrooke, H. T., and Wilson, H. H.(eds. and trans.)
Sankhya-Karika. Oxford, 1837 ; Bombay, 1887.

Thibaut, G.(trans.). *The Vedanta Sutra. With Sankara's commentary.* 2vols. SBE Vols. XXXIV and XXXVIII.) Oxford, 1890 and 1896.

Thibaut, *The Vedanta Sutra. With Ramanuja's commentary,* SBE, Vol.XLVIII Oxford, 1904.

Garbe, Richard. *"Sankhya," in Hastings,* E.R.E Vol.XI, pp.189-92.

Garbe, *Die Samkhya Philosophie.* Leipzig, 1894.

Garbe, *Samkhya und Yoga.* Strassburg, 1896.

Müller, F. Max. *Six Systems of Indian Philosophy.* London, 1899.

Richard Garbe: *"Nyaya."* E. R. E Vol.IX.

Deussen, paul: *The System of the Vedanta.* Translated by C, Johnston Chicago, 1912.

Sinha, Nandalal (Skr. and trans): *The Samkhya- pravacanasutram.* (Sacred Books of the Hindus, Vol.XI.) Allahabad, 1915.

Richard Garbe: *The Samkhya Philsophy.* Translated by R. D. Vadekar from Leipzig: H. Haessel, 1917.

Arthur Berridale Keith.: *The Samkhya System.* London: Oxford University Press, 1918.

Faddegon, Barend. *The Vaicesika-System.* Amsterdam, 1918.

Arthur Berrdale Keith: *Indian Logic and Atomism, An Exposition the Nyaya and Vaisesika Systems.* Oxford: The Clarenden Press.

Arthur Berridale Keith: *The Karma Mimamsa.* London: Oxford University Press, 1921.

Tattva-vaisaradi of Vacaspati Misra. Translated by Rama Prasada. Sacred Books of the Hindus, IV. Allahabad: The Panini Office, 3rd ed., 1924.

A History of Sanskrit Literature, Oxford and New York, Oxford Univ, Press, 1948.

Garbe, Richard: *"Lokayata,"* in Hascings, E. R. E Vol.VIII, p.138.

Garbe, *"Mimamsa,"* ib., Vol.VIII, p.648.

Garbe, *"Nyaya,"* ib., Vol.IX, pp.422-24.

Garbe, *"Vaisesika,"* ib., Vol.XII, pp.568-70.

Keith, Arthur Berriedale. *Indian Logic and Atomism,* Oxford, 1921.

Keith, *The Karma-Mimamsa.* (The Heritage of India Series.) London and Calcutta, 1921.

Woods, James Houghton (trans.). *The Yoga-System of patanjali.*(Harvard Oriental Series.) Cambridge, Mass., 1927.

Garbe, Richard *"Vedanta,"* in Hastings, E. R. E Vol.XII, PP.597-98.

Nikhilananda, Swami (trans.): *Self-knowledge*(The Atmabodha of Sankara), New York, 1946.

Nikhilananda, (Skr. and trans.), *The Vedantasara of Sadananda.* Mayavati, Almora, Himalayas, 1931.

Behanan, Kovoor T. ; *Yoga, A Scientific Evaluation. Institute of Human Relations,* Yale University.

New York: The Macmillan Company, 1937.

Garbe, Richard: *"Yoga,"* in *hastings,* ERE Vol.XII, pp.831-33.

Dasgupta, Surandra Nath. *Yoga as Philosophy and Religion.* London, 1924.

Dasgupta, *Yoga Philosophy in Relation to Other Systems of Indian Thought.* Calcutta, 1930.

Zimmer, Heinrich. *Kunstform und Yoga im indischen Kultbild.* Berlin, 1926.

Zimmer, *Der weg zum Selbst ; Lehre und Leben des indischen Heiligen Shri Ramana Maharshi aus Tiruvannamalai.* Edited by C. G. Jung. Zurich, 1944.(이에 관해서는 *"the Holy Men of India,"* Phychlogy and Religion: West and East, Collected Works of C. G. Jung, vol.II.를 참조할 것.)

Cowell, E. B., and Gough, A. E.(trans): *Sarvadar's sanasangraha.*

2nd edition, Calcutta, 1894.

Madhavananda, Swami (Skr. and trans.): *The Vivekacudamani of Sankaracarya.* 3rd edition, Mayavati, Almora, Himalayas, 1932.

Nityaswarupananda, Swami(Skr. and trans.).*Astavakra Samhita.* *Mayavati, Almora, Himalayas,* 1940.

Vedantasara of Sadananda. Translated by Swami Nikhilananda Mayavati, Almora: Advaita Ashrama, 1941.

Danielou, Alain. Yoga: the Method of Re-integration. London, 1949.

Guenon, Rene. *Introduction to the Study of the Hindu Doctrines.* Translated by Marco Pallis. London, 1945.

Guenon, *Man and His Becoming According to the Vedanta.* Translated by Richard C. Nicholson. London, 1945.

Guenon, *La metaphysique orientale.* Paris, 1946.

Hiriyanna, M.: *The Essentials of Indian Philosophy.* London, Allen and Unwin, and New York, Macmillan, 1949.

Anima Sen Gupta: *The Evolution of the Samkhya school of Thought.* Lucknow: Pioneer Press, 1959.

Eliade, Mircea, Yoga: *Immortality and Fredom.* Bollingen Series. New York, Pantheon Books, Inc., 1958.

Ruth Reyna: "*The Doctrine of Self in Indian Philosophy.*" The Vedanta Kesari, Vol.LIII, February, 1967.

岸本英天: 宗教神秘主義, 大明堂, 昭和 33年.

佐保田鶴治, 解說ヨーガスートラ, 恒文社, 昭和 41年.

中村元, ブラフマスートラの哲學, 岩波書店, 昭和 26年.

中村元, ヴエーダーンタ哲學の發展, 岩波書店, 昭和 30年.

宇井伯壽: 佛教論理學, 大東出版社, 昭和 41年.

宇井伯壽・渡邊照宏: 印度の論理學, 理想社.

松尾義海: 印度の論理學, 弘文堂, 昭和 22年.

宮坂宥勝: ニヤ−ヤバ−シユヤの論理學, 山喜房, 昭和 31年.

The *Bhagavad Gita,* Translated and annotated by Swami Chidbhavananda. Tirupparaitturai: Tapovanan Publishing House, 1965.

鄭泰爀: 요가의 原理와 修行法, 1967. 文法社.

元義範: 佛教認識論理學, 東國譯經院, 1968.

Ernest Wood: Yoga, 1963.

Juan Mascaro: *The Bhagavad gita,* 1962.

제9장 中世의 印度哲學과 宗教

Bloomfield, Maurice: *The Life and Stories of the Jaina Savior Parcva-natha.* Baltimore, 1919.

Stevenson, Mrs. S: *The Rites of the Twice-born.* Oxford, 1920.

Stevenson, *Without the Pale. The Life story of an Outcaste.* Calcutta, 1930.

Judith M. Tyberg: *"Sanskrit Keys to India's Wisdom."* Mimeographe, n. d.

Sir Charles Eliot: *Hinduism and Buddhism.* 3vols. London: Edward arnold & Co., Vol.II. 1921.

Woodroffe, Sir John: *Shakti and Shakta.* 3rd edition, Madras and London, 1929.

Woodroffe, (trans.) *The Garland of Letters* (Varnamala). *Studies in the Mantra-Shastra.* Madras and London, 1922.

The Gospel of Sri Ramakrishna. Translated by Swami Nikhilananda. Mylapore, Madras: Sri Ramakrishna Math, 1950.

Dowson, John, *A Classical Dictionary of Hindu Mythology.* London, Routledge & Kegan Paul Ltd., 1950.

Woodroffe, Sir John: *Shakti and Shakta*(4th edition). Madras, Ganesh

& Co., 1951.

P. N. Srinivasa Chari: *"Ramanuja."* History of philosophy Eastern and Western. *Vol.*I. Edited by S. Radhakrishnan　London: Allen & Unwin, 1952.

David-Neel, Alexanra, *Initiations and Initiates in Tibet.* London, Rider & Co., 1931.

David-Neel, *With Mystics and Magicians in Tibet.* New York, Penguin Books, 1931. and University Books, Inc., 1964.

金山正好: 東亞佛敎史, 理想社, 昭和 17年.

栂尾祥雲: 秘密佛敎史, 密敎文化研究所, 昭和 8年.

宮坂宥勝: インドの密敎, 大藏出版, 昭和 34年.

荒松雄: イスラム支配體制とインド社會, 筑摩書房, 昭和 39年.

金倉圓照: 宗敎研究, 第十五卷第一號.

V. Bhattacharyya: The Agamaśāstra of Gaudapāda, Caudapāda, 1943.

中村元: ヴエーダーンタ哲學の發展.

金倉圓照: 吠檀多哲學の研究, 岩波書店, 昭和 7年.

中村元: ニとばの形而上學.

結成令聞: 心意識を中心とせる唯識思想史.

勝又俊敎: 佛敎における心識說の研究, 山喜房佛書林, 昭和 36年.

宇井伯壽: 陳郡著作の研究, 岩波書店, 昭和 33年.

山口・野澤: 世觀唯識の原典解明, 法藏館, 昭和 28年.

北川秀則: インド古典論理學の研究, 1965.

栂尾祥雲: 曼荼羅の研究, 昭和 2年.

栂尾祥雲: 理趣經の研究, 昭和 5年.

栂尾祥雲: 秘密事相の研究, 昭和 10年,

神代峻通譯: インド密敎學序說.

B. Bhattacharya: *Inroduction to Buddhist Esoterism,* Oxford, 1932.

H. V. Glasenapp: *Buddhistische Mysterian, Die geheimen Lehren und Riten des Diamantfahrzeugs,* Stuttgart, 1940.

梶山雄一: 後期インド佛教の論理學, 理想社.

宮坂宥勝: インドの密教, 大藏出版.

S. B. Dasgupta: *An Introducion to Tāntric Buddhism*, Calcutta, 1950.

羽田野伯猷: 密教文化.

松尾義海: 印度論理學の構造, 秋田屋, 昭和 23年.

中村元: 原文對譯ヴエ－ダ－ンタサ－ラ, 平樂寺, 昭和 37年.

Avalon, Arthur (Sir John Woodroffe in collaboration with others): *The principls of Tantra.* 2vols. London, 1914-16.

Avalon, (trans.) *The Great Liberation* (Mahanirvana Tantra). 2nd edition, Madras, 1927.

Avalon, (trans.) *The Serpent Power* (Sat-Cakra-nirupana and Padukapa-ncaka). 3rd revised edition, Madras and London, 1931.

Glasenapp, H. Von: *Der Hinduismus, Religion und Gesellschaft im-heutigen* Indian. Munich, 1922.

Russell Gaver: *The Bahai Faith,* 1967. New York.

제10장 近代印度哲學思想과 宗敎運動

Ananda K Coomaraswamy: *The Dance of Shiva.* New York: Nonday press, 1957.

K. B. Ramakrishna Rao: *Ontology of Advaita.* Monograph. Mulki: Vijaya College, 1964.

G. Thibaut: *The Vedānta-sūtras with the Commentary of Rāmānuja* (S. B. E. Vol.XLVIII), Oxford, 1904.

井原徹山: 印度教, 昭和 18年, 大東出版社.

Lacombe: *La doctrine morale et Métaphysique de Rāmānuja,* Paris, 1938.

Roma Bose Calias Mrs. R. Chaudhuri): *Vedānta-pārijāta- Saurabha of Nimbārka and Vedānta-Kaustubha of Srinivāsa,* 3vols, Calcultta,

R. A. S. B., 1940.

J. B. Chaudhuri: *Muslim Patronage to Sanskrit Learning,* pt. 1. Calcutta, 1954.

J. B. Chaudhuri: *The Contribution of Muslims to Sanskrit Literature,* vol.II. Calcutta, 1954.

J. B. Chaudhuri: Khan Khanan and Sanskrit Learing, Calcutta, 1954.

蒲生禮一: 印度回教文化に於けるイラン的要素(印度佛教研究, 第1卷 第2 號)

Rabindranath Tagore: Songs of Kabir, London and New York, 1915.

田中於菟彌: 印度さらさ, 生活社, 昭和 18年.

Atma-Bodha. Translated and annonatated by Swami Nikhilanan da. Madras: *Sri Ramakrishna Math,* 1947.

Swami Atmananda. *Sankara's Teachings in his Own Words.* Edited by K. M. Munshi and R. R. Diwakar. Bombay: Bharatiya Vidya Bhavan, 1964.

J. E. van Lohuizeen-de leeuw: *the "Scythian" period,* Leiden, 1949.

제11장 現代印度思想

Rolland, Romain: *Prophets of the New India.* New York, 1930.

Nikhilananda, Swami: *The Gospel of Sri Ramakrishna* (Originally recorded in Bengali by M., A disciple of the Master). New York, Ramakrishna-Vivekananda)

Isherwood, Christopher ; *Ramakrishna and his Disciples.* New York, Simon and Schuster, 1965.

Isherwood, (editor and contributor), *Vedanta for the Western World.* Hollywood and New York, the Marcel Rodd Company, 1946.

Gandhi, M. K. *The Story of my Experiments with Truth.* Washington, D. C. Public Affairs Press, 1948.

Sheean. Vincent, Lead Kindly Light: *Gandhi and the Way to peace.* New York, Random House, Inc. 1949.

Fischer, Louis: *Grandhi, His Life and Message for the World* New York, Signet Key Book, 1954.

Chakravarth, Amiya (editor), *A Tagore Reader.* New York, The Mac-millan Company, 1961.

藤吉慈海: 現代インドの宗教, 箕中堂, 昭和 30年.

中村元: 東洋人の發言.

稲津紀三: デーヴエンドラナートタゴールの宗教生活と, 印度宗教哲學史上における彼の地位, (印度佛教研究, 第 2 卷).

Romain Rolland: *La vie de Remakrishna,* Paris, 1929.

宮本正清譯: ラーマクリシユナの生涯, みすず書房, 昭和 25年.

蠟山芳郎譯: ガンジ・自叙傳(中央公論社. 昭和 42年.

大山聰: ガーンテイ-自叙傳, 河出書房新社, 昭和 37年.

丸山行遼譯: 人類愛の律法, 日本山妙法寺, 昭和 33年.

蠟山芳郎: マハトマガンジー, 岩波新書, 昭和 25年.

Romain Rolland: *Mahatma Gandhi,* Paris. 1924.

Gandhiana: *A Bibliography of Gandhian Literature,* Compiled by P.G. Deshpande, Ahmedabad, 1948.

辻・飯塚蠟山譯: インドの發見, (岩波書店, 昭和 28年).

中村元: ラダクリシユナンの人と思想, 平凡社, 昭和 31年.

玉城康四郎: 近代インド思想の形成

木村日紀: 印度現代思潮, 岩波書店, 昭和 10年.

高崎直道: インドセイロン, 法藏館, 昭和 38年.

藤吉慈海譯: ベルマパーラの生涯, 樹昌院, 昭和 38年.

Ruth Reyna. *"Indian Existential Psychology: A Modern Social Science."* Indian Philosophical annual, Vol.Ⅱ. Edited by T. M. P. Mahadevan University of Madras, 1968.

Gandhi；An Autobiography, 1957. Boston.

印度哲學思想史年表

년대 \ 구분	哲學思想史 및 一般史	佛教史	備考
紀元前 3,000~ 2,000	인더스 文明		
1,300	아리안의 印度侵入 리그베다(Ṛg-Veda)		
1,000~ 800	브라흐마나(Brahmāṇa) 古 우파니샤드		아리안이 갠지스 강 流域에 定着함
500	都市國家의 出現 六師外道의 思想	고오타마붓다 出現 (B. C. 565)	
400	中 우파니샤드 알렉산더 大王의 印度侵入 (B. C. 327) 찬드라 굽타 卽位(B. C. 321) 파니니(Pāṇini)의 文法學整理	고오타마붓다의 入滅 (B. C. 483) 王舍城七葉窟의 第一結集上座部·大衆部의 根本分裂(B. C. 380) 第二結集	阿含의 原形成立
300	아쇼카王 卽位(B. C.268) 아쇼카王의 칼링가 征服 (B. C.261) 아쇼카王의 逝去(B. C.232)	佛教布教師의 海外派遣 第三結集(B. C.236년경) 犍連子帝須(Moggaliputta Tissa)	아 쇼 카 王 의 佛教歸依
200	祭事經의 成立 叙述詩의 成立 六派哲學	部派佛教時代	
100	마하아브하아라타 (Mahābhārata) 파탄쟈리(Patañjali)	說一切有部의 成立 西印度佛教石窟寺院 般若部經典의 原典 成立 部派20餘學派 迦多衍尼子 (Kātyāyanīputra)	
紀元後	月氏族의 侵入	大乘佛教의 興起 中國으로 佛教가 傳來됨	

구분 \ 년대	哲學思想史 및 一般史	佛教史	備考
100	마누法典 成立 카니쉬카王 등극	塔婆의 建立 大毘婆娑論의 成立 馬鳴(Aśvaghoṣa) 龍樹(Nāgārjuna) 空白2派對立	
200	後期우파니샤드	提婆(Aryadeva) 法勝(Dharma-śreṣṭin) 優波底沙(Upatissa) 靑目(Pirgala) 婆藪開土 鳩摩羅多(Kumāralāta) 訶梨跋摩(Harivarman) 解深密經 成立	
300	굽타王朝 雨象(Vārṣagaṇya) 頻闍訶婆娑(Vindhyavāsin) 自在黑(Iśvarakṛṣṇa) 요가수우트라(Yogasūtra)成立	彌勒(Maitreyanātha) 無著(Asaṅga) 世親(Vasubandhu)	高句麗에 佛教가 처 음 傳來함 (372)
400	金七十論 匈奴侵入(480年경) 베다안타 수우트라(Vedānta sūtra)	法顯의 印度巡訪(405~410) 나란다 寺院 鳩摩羅什 등 中國에서 譯經 에 종사 陳那 Dignāga) 德慧(Guṇamati) 天主(Sankarasvāmin) 佛音(Buddhaghośa) 堅慧(Sāramati) 無性(Aśvabhāva) 難陀(Nanda) 大乘起信論	

구분\년대	哲學思想史 및 一般史	佛教史	備考
500	굽타王朝 衰退 匈奴 滅亡	護月(Candragupta) 佛護(Buddhapālita) 淸辯(Bhāvaviveka) 眞諦(Paramārtha, 546) 護法(Dharmapāla) 安慧(Sthiramati) 戒賢(Śīlabhadra) 智光(Jñānaprabha)	異次頓 殉教 (527)
600	하르샤(Harṣa)王 등극	玄奘(600~664) 月稱(Candrakīrti) 法稱(Dharma kīrti) 義淨(671年 渡印)	新羅, 三國 統一(668)
700	고다파아다(Gaudapāda) 브하르트리프라판챠(Bhart rpraparca)	寂天(Śāntideva) 寂護(Śāntarakṣita) 蓮華生(Padmasaṃbhava) 蓮花戒(Kamalaśōla) 師子賢(Haribhadra)	
800	回教徒 西北印度에 侵入 샹카라(Śaṃkara) 수레슈바라(Sureśvara) 아아난다기리(Ānandagiri) 바아챠스파티미슈라 (Vācaspatimiśra) 아모가바르샤王 (Amoghavarṣa)		
900	브하아스카라(Bhāskara) 사르바즈냐아트마·무니 (Sarvajñātma-muni) 나아타무니(Nātha-muni)		新羅 滅亡 (935) 高麗太祖訓 要十條를 親 受함(943)
1,000	마흐무우드(Mahmūd)의 侵 入(1,001) 야아사바 프라카아샤 (Yādava-prakāśa) 라아마아누쟈(Rāmānuja, 1017~1137) 브호자王統治 (1018~1060)		

구분 년대	哲學思想史 및 一般史	佛教史	備考
1,100	헤마챤드라(Hema-candra, 1088~1172) 바사바(Basava, 1156) 님바아르카(Nimbārka) 슈리이 하르샤(Śriharśa) 回敎徒 印度全域으로 세력을 확장함 (Muhammad Ghūri, 1175)		
1,200	마디바(Madhva, 1197~1276) 베다안타 데쉬카(Vedānta deśika) 비슈누 스와아민 (Viṣṇu-Svāmin) 지나닷타(Jinadatta) 말리쎄나(Malliṣena) 데벤드라수우리 (Deven-drasūri) 回敎徒 北印度를 支配(1205) 奴隷王朝(1206~1290) 징기스칸印度侵入(1221)	回敎徒, 비크라마쉬이라 寺를 불질러 없앰(1203)	普照國師, 曹溪山 松廣 寺로 定慧結 社를 옮김 (1200) 蒙古 軍, 皇龍寺를 불 태 움 (1238)
1,300	비드야아란야(Vidyāraṇya) 슈리이팟티(Śrīpati) 구나라트나(Guṇaratna) 님바아르카(Nimbārka)		朝鮮開國 (1392)
1,400	스리이카안타(Śrīkaṇtha) 라아마아난다(Rāmānanda) 카비이르(Kabīr, 1469~1538) 발라바(Vallabha, 1473~1531) 챠이탄야(Caitanya, 1485~1533) 상키야수우트라(Sāṃkhyasūtra)		

구분 \ 년대	哲學思想史 및 一般史	佛敎史	備考
1,500	아크바르王卽位(1556) 브라흐마아난다(Brahmāna-nda) 아파야-디이크시타(Appaya Dīkṣita, 1552~1624)		壬辰倭亂(1592) 西山·泗溟 僧軍을 일으킴(1592)
1,600	東印度會社 設立 무갈(Mughal)帝國 英國과 戰鬪(1688~1690) 아아파데바(Āpıdeva) 비슈바나아타(Viśvanātha) 라우가아크씨 브하아스카라 (Laugākṣi Bhāskara)		
1,700	발라데바(Baladeva) 나아고지이바타(Nāgojībhaṭṭa)		
1,800	라암·모한·라아이(Rām Mohan Rāy, 1828) 다야아난다 사라스밧티이 (Dayānanda Sarasvati, 1875) 英國, 印度를 統合(1877) 印度國民會議設立(1885) 타고르(1861~1941) 간디(1869~1948) 네루(1889~1964)	大菩提會設立(1891)	
1,900	印度 獨立(1947) 印度連邦共和國成立(1950)		韓日合邦(1910) 大韓民國政府 樹立(1948)

찾아보기

● 저자 ●

정병조(鄭柄朝)   ● 약력 ●
서울사대부속고등학교
동국대학교 인도철학과
영남대학교 대학원 철학과 동양철학 (문학석사)
동국대학교 대학원 철학과 불교철학 (박사과정수료)
동국대학교 대학원 (철학박사)
(현) 한국종교학회 이사
(현) 한국불교학회 이사
(현) 인도철학회 이사
(현) 동국대학교 21세기기획단 단장
동국대학교 사회교육원 원장
동국대학교 부총장
(현) 사단법인 한국불교연구원 이사장 겸 원장

● 저서 및 역서 ●
『지혜의 완성』,『인도의 여정』,『한국불교사상사』,『불교문화사론』
『인도사』,『보살도의 숨결』,『불교입문』,『한국불교철학의 어제와 오늘』
『불교강좌』,『선사열전』,『반야심경의 세계』,『현대인의 불교』
『한국불교의 좌표』외 다수

印度哲學思想史

● 초판 인쇄   2004년 8월 25일
● 초판 발행   2004년 8월 31일

● 지 은 이   정병조
● 펴 낸 이   채종준
● 펴 낸 곳   한국학술정보㈜
              경기도 파주시 교하읍 문발리
              파주출판문화정보산업단지 538-2
              전화 031) 908-3181(대표)·팩스 031) 908-3189
              홈페이지 http://www.kstudy.com
              e-mail(e-Book사업부) ebook@kstudy.com
● 등   록   제일산-115호(2000. 6. 19)
● 가   격   12,000원

ISBN   89-534-1985-9 93150 (Paper Book)
        89-534-1986-7 98150 (e-Book)